天皇の龍

Emperor's Dragon

UFO搭乗経験者が宇宙の友から教わった龍と湧玉（わくたま）の働き

別府進一

明窓出版

天の龍、賀茂別雷大神（かもわけいかづちのおおかみ）の働きにより生まれた
天皇（すめらみこと）の龍

それは
地球の核、湧玉（わくたま）を守る
虹の龍だった

湧玉から生まれた天皇の龍
湧玉は
天皇の龍の魂

はじめに

物事に対する理解は、らせん状に進みます。

例えば、ある物事について少し理解したときに、その答えがAであると思えたとします。しかし、その物事に対する理解がもう少し深まったときには、答えがBであると思えるようになったとしましょう。そしてさらに一段階理解が進んだときに、再び答えがAであるように思えてきたとしたらどうでしょうか。

ある問題について、人が答えをAだと思っているかBだと思っているかということだけでは、その人の理解の深さを読み解くことは難しいということになります。

かつてこのような認識について、夢の中に現れた慈しみあふれる高貴な方が、3週間ほど毎日のように導いてくださいました。短くまとめると、次のようになります。

「自分自身の探究の結果、その贈り物として理解のらせん階段を高く登りおおせたとしましょう。けれども、そのままではそのエネルギーに対しきれず、周囲の方々にはなかなかに受け止めきれないこともあるのですよ。

ある一定の理解の高みに達すれば、物事を高みから眺めるだけでなく、らせん階段を降りて俯瞰することもできるのです。たおやかな自然の意識と同調しておいて、その同調を保った状態でらせん階段の全体を見渡します。

これが、母性に基づいたものの見方です」


次に、視点の独自性についてです。

少々ロマンティックな話になりますが、私たちが満天の星を見上げるときのことを考えましょう。

人の脳が星を認識するためには、星からの光が直径5ミリメートルほどの瞳孔を通過して、網膜に1秒間に数個以上の光子が到達することが必要だといわれています。つまり、はるか彼方の星からほかでもない私たちのわずか直径数ミリメートルの瞳だけに向けられた光子を受け入れたとき、初めて「星が見えた」となるのです。それは、星から私たち一人一人に個別に届けられる、他の誰のものとも異なる贈り物です。

それだけでなく、星などの景観を構成する物から私たちに差し向けられた光子の道筋は、隣にいる人とほんのわずかですが異なっているのですから、私たち一人一人が認識している景観でさえ、一人一人異なる固有のものだということになります。視覚においては、他人の内部に入り込まない限り、他人と同じ視点をもつことはできません。

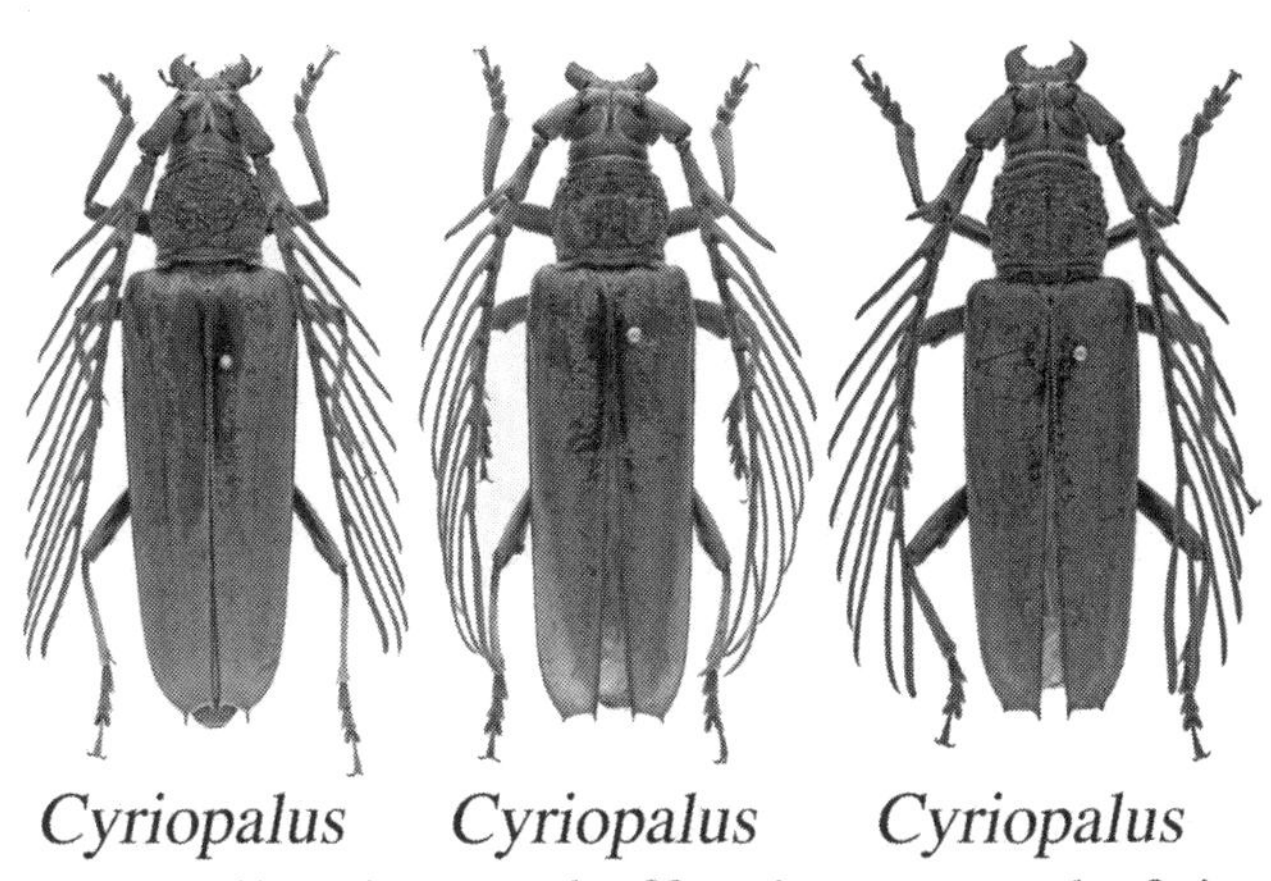

図１　マレー半島産クシヒゲミヤマカミキリ

さらには、景観という表象の世界だけでなく、不可視の世界、潜象の世界においても、宇宙から私たち一人一人に個別に送られる贈り物は他の誰とも異なっており、皆さんがそれぞれ宇宙で唯一の視点をもっておられるのと同様に、私もそれをもっています。

物事に対する識別にも、言葉と結びついた認識にも、個人差があります。

同じものを見ていても、どの部分をどの視点から、どの程度の重みを置いて見ているかで印象が違ってきます。また、よく似たものを見ている場合には、それらが同じものであるかどうかという判断も変わってきます。そのうえ、経験を積んだからといって、適切に判断できるかどうかは分かりません。

私は、趣味でマレー半島産のカミキリムシを研究していますので、図1の3頭が別個のカミキリムシ3種であることはひと目で分かりますが、馴染みのない分野ではそのようなことは不可能です。私たちは分野の得手不得手によって、識別の篩（ふるい）の細かさがずいぶん異なります。一方、図2の2頭が同種の雌雄であることを見抜くには、識別の篩の細かさとは別の種類の能力が必要です。

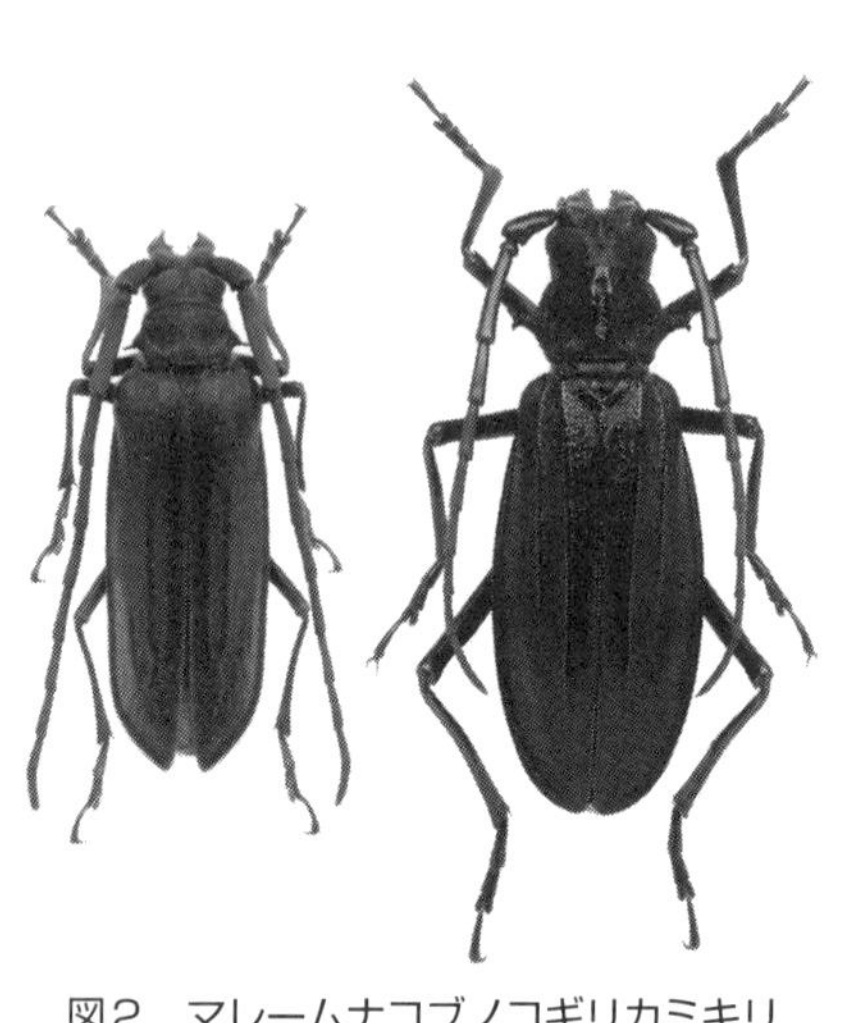

図2　マレームナコブノコギリカミキリ

そのため、ある人が「ひと目で分かるほど違っている」と言う物を、別の人は「全く同じだ」と言い、それを聞いた第三者は混乱して「2人は別物を見ているとでもいうのか、いったいどうなっているのだろう」などと考えます。見ている角度や物が違う場合はなおさらで、識別の隔たりを埋めるのは、たいていの場合、簡単とは言えません。

本書には、特定の宇宙の存在の名前や、神様の御名を用いて述べた部分がありますが、固有名詞を通じて理解に近付くこともあれば、かえって遠ざかることもあります。固有名詞が同じでも意味するところがずいぶん違っていたり、固有名詞が違っていても意味するところが似通っていたりします。難しいです。それから、ほかに適切な表現が思いつかないことを理由に、波動、エネルギー、次元といった科学分野の用語をそれとは違った意味で使ってもいます。

私は、理解がらせん状に進むこと、視点の独自性、識別の隔たりや言葉と認識の関係の3点を念頭に置いて、結局、次の夢で学んだことを心がけて本書を書くことにしました。

20代前半の頃に見た夢で、今も強く肝に銘(めい)じています。

開けた平らな場所にいた私の正面上方に白い光体が現れました。その光体の放つ光は強烈で、相対(あいたい)するのが困難なほどのエネルギーに満ちています。

光体は、真正面から私に問うてきます。

「そなたはこの秘教的真理をどう捉えているのか。答えよ」

私は、自分の認識の全てとあらん限りの知識を総動員して答えるのですが、その存在はちょっとやそっとの答えでは「よし」としてくれません。光体の迫力にじりじりと気圧(けお)され、次々と掛けられる問いにもうまく答えられない私は困り果て、ついには古代から受け継がれてきた啓示の書や聖なる書を取り出して、

「この本のここには、このように書いてあります。この本に書いてあるくらいですから……」

などと、しどろもどろの状態で答えるはめになってしまいます。

すると、その存在からまるで落雷のような、それもこちらが吹き飛ばされそうなほどの強さで一喝されました。

心にある以上のことは語らず
心にあるままを語りなさい
ほかに頼らず
自らの魂の命ずるままに進むのです

分かったようなことを言ってはならず、啓示の書や聖なる書にも頼ることは許されない。自らの魂の声なき声を聴き、そのとおりに進めと言うのです。

本書は、このとおりに書き進めます。

天皇の龍

UFO搭乗経験者が宇宙の友から教わった龍と湧玉の働き

湧玉誕生

準備期間

天皇（すめらみこと）の龍の誕生

スメラミコトのカルマ

感覚の形成

野原と時間と空間と

幼い頃の私は、昆虫図鑑を毎日穴が空くほど眺めていました。幼稚園から帰る。図鑑を眺める。野原に繰り出す。これの繰り返しです。当時の私にとっては、空き地の野原が神秘の大宇宙そのもので、背丈よりもはるかに高く伸びたススキの間に分け入っては息を潜めてコオロギを眺め、カマキリを捕まえては喜んでいたのです。

好奇心の赴（おもむ）くままにそうしていただけですが、今から考えるとそうした時間の積み重ねによって、今に至るまでのこの世界に対する見方が少しずつ形作られたのだと思います。

例えば、「時間」に対する感覚。

毎日のように野原に通っていたために理解できたのですが、コオロギなどでも幼虫が成虫になるときは、多くの個体がある日を境に一斉に脱皮するのです。「昨日までは成虫が全く見当たらなかったのに、今日はあちらこちらの野原で見つかるぞ」という感じです。

確率的に考えれば、成虫になる時期がもう少し分散してもよさそうなのに、いったいコオロギたちは野原を越えて合図し合っているとでもいうのだろうかと、たいそう不思議に思いました。

また、「空間」に対する感覚。

同じカマキリの仲間でも、種類によって明確に棲み分けをしています。コカマキリは、半日陰の地面に近い所で、カラスノエンドウなどの野草が絡み合った内部に潜んでいます。オオカマキリだと、たいていはススキなどの上の日当たりの良い場所、ハラビロカマキリだと木の幹、特に柿の木で多く見つかりました。

生き物は、無作為に飛んだり歩いたりしているのではなく、それぞれがそれぞれに適した空間に暮らしている。そうした感覚を、自分のものとして感じ取ったときに、野原という大宇宙が非常に重層的な存在であるように思えました。

自然界で、冬季に夏季の出来事が起こらないように、不可視の世界の出来事が起こるのにも、それにふさわしい「時」があることは宇宙の仕組みであると思います。また、「空間」は様々な意識状態の世界によって、重層的に織り成される多次元的な存在なのではないでしょうか。

すすけたやつの真の姿

小学校に上がると、近所の山にも出掛けるようになりました。本書でたびたび「とある山」として出てくる高知県内の山です。実家は、この山に源流をもつ川の流域にあって、その地下水を汲み上げて煮炊きをしていましたから、私の体はまさにこの山に育まれてきたわけで、私にとっては「自分はこの山の息子だ」と言いたくなるほどの山なのです。

私は、小学校から帰るとすぐに宿題を終わらせ、同級生と連れ立って連日クワガタムシやカブトムシなどを探して、歩き回りました。昆虫を採集するだけでなく、谷川の水で渇きを癒やし、山菜やキイチゴ、アケビなど、森の恵みを食して愉しんだのも良い思い出です。

また、夜明け前の小径では、荘厳な霧に包まれて体がそのまま溶け込んでいきそうになったり、日中には、ぎらつく陽光に映える草の、緑なす生命力にクラクラしそうになったりと、情操の面でもずいぶん影響を受けました。

さて、そんな小学校生活を送っていたある日、夜のこの山に、父と弟との3人で昆虫採集に出掛けました。3年生の時だったと思います。山の入り口からすぐの樹液の出ているアラカシの木を、懐中電灯で照らした時の衝撃はいまだに忘れることができません。

何とそこには､眼から妖しいルビー色の光を放つ何かがいたのです。私は、それを見た瞬間、まるで矢で射抜かれたかのように感じ、そのまま動けなくなってしまいました。あまりにも圧倒的に、神秘的な光だったからです。

少し間を置いて崖をよじ登り、見たことのない何かを確認してみると、闇の中で懐中電灯の光を反射していたのは、意外なことに見慣れたシタバガ属のガでした。

昼間の姿にはすすけた地味な色の虫という印象しかなく、それまで驚きをもって眺めたことなど一度もありませんでした。しかしその虫が、夜になると生温かい湿気を帯びた森の、発酵した樹液の甘い匂いが立ち込める闇の中で、その真の姿を惜しげもなく露わにし、生命力にあふれて蠢(うごめ)いていたのです。

「すすけたやつでも、こんなにすごい。もしかしたら、ふだん何でもないように見えているものでも、本当はすごいのかもしれない」

この出来事を通して、小学生なりに私のものの見方はがらりと変わりました。

神秘なものへの憧れの自覚

私は、物心ついた頃には蓄膿症（ちくのう）を患って（わずら）おり、治療のためバスで街中の耳鼻科に通院していました。よく中耳炎にかかったせいか難聴で、今も人の話が完全に聞き取れるということはありません。

蓄膿症の症状が軽くなってきたのは中学2年生の頃ですから、週に2、3回、10年ほど通ったことになります。時には、母が付き添ってくれることもありましたが、幼稚園の頃からたいていは1人でした。幼児が1人で通院するのが普通でないことには、自分自身が親になってから気付きました。小さな手に握りしめた運賃の10円玉3枚を、バスの中で何度も確認していたことを覚えています。

小学校の中学年になると、通院にも心の余裕が出てきました。大人向けの本も読めるようになったこともあって、治療を終えると市内で一番大きな本屋まで歩き、気の済むまで立ち読みしてから帰宅していました。

もちろん、昆虫図鑑は外せませんが、それは小学生の男子ではごく普通です。それ以外に読む本の性格が少々特徴的で、UFOや宇宙人、ピラミッド、ムー、アトランティスなどに強い関心を示し、読みふけっていたのです。そのような話題を友達に向けたところでそれほど乗ってこないし、どうやら人よりも強く、UFOやピラミッドなどに惹かれているらしいと自覚したのがその頃でした。

雷の効果

私は、小学生の頃までは人混みがかなりの苦手でした。

両親は、花火大会や縁日などによく連れて行ってくれましたし、私自身も平均的な子供と同じように、そのような外出が楽しみで仕方ありませんでした。

しかし、いざ実際に出掛けてみると、毎度のように早く帰りたくなってしまうのです。

それは、人混みの中に出ると、皮膚の内側にタールのような黒いものをべったりと塗り込まれたような感覚を覚えることが原因でした。風呂に入っても洗い流せないし、どうやっても1週間くらいは不快感が続いて、体に力が入りません。

ただ不思議なことに、その黒いものは雷が鳴るときれいさっぱりすっきりと取れてしまうのです。例えば、積木遊びをしている途中でも一瞬でタールのような黒いものが取り去られ、雷の前後では違う場所になってしまったかというほど部屋の空気も澄み切ります。みんなそうなのだろうと思って周りに話してもピンとこないようだし、それが毎度のことなので、

「雷が鳴ると一瞬ですっきりさっぱりだ。それにしてもみんなは違うのだろうか」

と不思議でした。

雷が鳴らないと不快感が続きますから大変だったのですが、時折訴えていたのでしょう、父が不憫(ふびん)に思ったようで、神主さんの所へお祓(はら)いに連れて行ってくれたこともありました。

雷の効果については、このように小さい頃から実感していましたので、大人になってから鳥居の注連縄(しめなわ)に雷の意味があると聞いた時には、大いに納得したのです。

オイカイワタチ

年月は少々飛びますが、名古屋で独り暮らしをしていた学生時代の一九九〇年だったと思います。私は、近所の本屋で『宇宙からの黙示録』（渡辺大起　徳間書店）という本を見つけます。表紙の装丁に目を奪われ、「こんなに美しい本にはいったい何が書かれてあるのだろうか」と購入しました。最初は淡々とした本だと思ったのですが、よほど強く内容に惹きつけられてしまったようで、気が付くと毎日のように手に取るようになっていました。原著である『オイカイワタチ』（渡辺大起　オイカイワタチ出版会）も取り寄せて読みました。新時代の地球を迎えるために、自らの内的感覚を通して歩んだ結果、起こった数々の出来事が記されていたのです。

それから、30年ほど経った今も、私は『オイカイワタチ』ほど格調高い本を知りません。書棚から取り出す度に神々しい白い光を放っている様子には、つくづくすごい書物だなと感嘆させられます。

それらの本によって、世の中にはワンダラーと呼ばれる「惑星の進化のため、筆舌に尽くし難い困難に耐えて使命を果たすことを誓い、地球人として生まれてきている宇宙人」が存在することを知りました。彼らの真実を希求する姿勢には深く揺さぶられ、その一方で、それまでの20年余の人生をほとんど何も気付かないまま過ごしてきた自分の感性のありように対して、いったいどこまで鈍くなれば気が済むのかと不甲斐ない思いもしました。

京都でのUFO写真展

初めてワンダラーの方にお会いしたのは、一九九三年八月に京都の高島屋で催されていたUFO写真展でのことでした。手紙のやりとりをしていた『オイカイワタチ』の著者にご紹介いただいた同年輩の男性から、あるワンダラーの方が撮影なさったUFO写真展の開催を電話で教えていただき、ぜひ見にいきたいと京都に向かったのです。

私は、会場の手伝いをする予定だというその男性に、人混みの中でも確実にお会いしたいと考え、電話の中で自分の容貌を伝えようとしました。すると、その方は、

「いいえ、そのようなことはお伝えいただかなくてもお越しいただければ判ります。必ず判りますから安心しておいでください」

と断言なさいました。

電話で話しただけですから、分かることといえば同い年の男性ということだけです。会場に

は人がたくさんいるだろうし、

「会ったこともない私のことなど、本当に判るのだろうか」

と心細い思いがよぎりました。しかし、電話口からも伝わってくる確信めいた様子にそれ以上は食い下がらず、お任せしたのです。

果たして、デパートに到着してエスカレーターで会場へ向かったところ、その方とは会場の入り口手前で目線が合い、お互いにそれが誰であるかを瞬時に理解できたのです。このような経験が初めてだった当時の私は、こんなことがあるのだと大変勇気づけられる思いでした。

さて、肝心のUFO写真、これには感じ入りました。透明感がありながら、まるで生き物のような瑞々しい美しさをたたえています。「うーむ」と唸ったり、「これはすごい！」と感嘆の声を漏らしたりしながら会場を巡り、数々の写真を堪能しました。

ただし、印象に残ったのはそれだけではありません。

ある意味で写真以上に驚きだったのが、会場係をなさっていた方たちの目です。多くの方が自身のことを、「惑星の進化のため、筆舌に尽くし難い困難に耐えて使命を果たすことを誓って生まれてきている」と思ってらっしゃるようでしたが、どの方の目も澄んでおり、瞳から魂の光があふれ出るかのようでした。この時、私は独り言をつぶやいていました。

「そうか……、なるほど。分かったぞ……。

この人たちは、現代の花咲か爺さんだ。

こんな人たちなら、枯れた枝にも花を咲かせられるだろう……」

安心感と、何だか愉快な感覚が胸に広がったことを覚えています。この日一日で、世界に対する興味深さが少し増したように思いました。

また、会場を後にする頃には、

「この美しい写真の数々を、故郷の高知の方々にも見てもらいたい」

との想いが湧き上がっているのが判りました。

実際、この3年後、高知でのUFO写真展開催が実現したのです。

目が開かれてきた頃

学生時代以降は、それまで本を読んだり話を聞いたりすることでしか知り得なかった不可視の世界への目が、開かれてきたように思います。多くの場合は、夢の中で知らされました。

一九九二年年十二月七日

熱田（あつた）神宮奥の院とも、世の終わりの戸を開く神社ともいわれる、東谷山（とうごくさん）山頂にある尾張戸（おわりべ）神社（名古屋市・天火明命（あめのほあかりのみこと）ほか）を初めて訪れた時のことです。

高蔵寺駅で降りて徒歩で神社に向かう途中、空を見上げると、雨雲の一部が円（まる）くくり抜かれていました。それだけならそこまで驚くことはないのですが、何とその青空の中には、長い房状の尾をもつ海亀の形の雲が浮かんでいたのです。人に話しても信じてもらえそうにないほど写実的で、現実にこのようなことがあるのかと驚きました。

当時は、そのようなことは頭にありませんでしたが、浦島伝説の残る京都府の籠（この）神社（宮津市・丹後国一宮）には、祭神の彦火明命（ひこほあかりのみこと）が尾張戸神社の祭神である天火明命と異名同神の言い伝えが残るそうですから、尾張戸神社で亀の雲を目にするのも有り難い話です。

神社に向かって登り始めた山道は、やがて石段に変わりました。水を打ったような静けさに満たされた小径を、一歩一歩踏みしめながらゆっくりと進みます。すると、20メートルほど先に背丈が2メートル半ほどの白い衣をお召しの神々数柱が、こちらを向いて立っておられるのが霞（かすみ）のように見えました。小さく驚きの声を漏らすもそのまま上がっていくと、その方々も振り返って上がっていかれたのです。

その後、この神社には50回以上詣でましたが、不思議なことに二度とその階段を通ることはできませんでした。何しろ神々が上がっていかれ、その後、私も上がった階段は、石でなく敷瓦（しきがわら）でできていたのです。この山で敷瓦があるのは、山頂にある本殿境内とそこに至る階段だけですから、いったい異界をさまよっていたとでもいうのかと、狐につままれたような気持にさせられる話です。

山の中腹にある中社に詣でてから、山頂の本社に詣でました。

本社近くの石組みには、「十種神宝（とくさのかんだから）守護」としたためられた札のついた矢が据えられていたのですが、札に「十種神宝」という文字を認めた時には、なぜだか、あっと立ちすくむほどの衝撃を受けました。

17年後には、夢の中で十種神宝を戴（いただ）くことになりますが、今から思うと、その予兆だったのでしょうか。

一九九三年五月

夢の中でのことです。

目の前で、火と水がすさまじいエネルギーをほとばしらせながらうねっています。

その圧倒的な光景を茫然と眺めていると、今は忘れ去られてしまったものも含む様々な古代文字が、それぞれ異なる「ブーン」という響きを伴って、浮かび上がっては消え、浮かび上がっては消えていきました。そのような様子が延々と繰り広げられます。

神は火水であり、エネルギーの型でもある。

響きは形象を伴い、形象は響きを伴って、一体不可分。

古代文字は、それ自体がまさしく神聖なエネルギー。いわば、神仏そのものでした。

一九九三年六月

夢の中での話です。

のっぺりした風貌の人が、出てきました。

そして、どこからか「もう魂は生まれ変わっています」と言う声が聞こえてくると、その人の皮が厚めのゴム製の物のようにごっそり剥がれ、水晶のように透明な体が現れました。

「あ、本当だ」と思いました。

すると、どんどんと人が出てきて、出てくる人がみんな皮を脱いでは透明な体になっていきます。根深い業を抱えていそうな、「まさかこの人も?・」と思うような人でも、皮を脱ぐと透明でした。

善に見える人も悪に見える人も、表面的な姿を超えた世界では、透明な光り輝く体に生まれ変わっていることを示されたのだと理解しました。

一九九三年十二月十三日

尾張戸神社の縁で知り合いになった方があります。その方は、私が拝殿前に置かれてあった参拝ノートに残したメモを見て、「一度連絡を下さい」と電話番号を記してくださったのです。それを見た私は、電話を差し上げてお会いする約束もしたのですが、その方はその夜に変わった夢をご覧になったそうです。初めてお会いした時に、話してくださいました。

「私は、男女の双子の赤ちゃんを産んだのだけれど、それは今の自分の子供とは違っていたの。6か月で産み落とした未熟児だったから、無事に育ってくれるかしらと健康が気掛かりだった。ただ、こんなことに思い当たる節はないから、夢の中でも不思議なことだなと思ったの。場面が変わると、男の子はホルマリン漬けになっていてね。心臓の鼓動がとても力強くて生命力に満ちあふれていたの。女の子は、保育器に入れられているようだった。

すると突然、雷鳴が轟（とどろ）いて、雷が落ちて……。

空には、金色の文字で○妻・△□と出ていた。

○は稲で、この男の子の名前はどうしても稲妻にしなければならない、また、そうなのだと思った。この時には、男の子は別府くんのことだと分かっていた。△□は女の子の名前だけど、文字が何かは分からなかった。ともかく2人は、よく育っていくと思った。

夢から覚めて、ホルマリン漬けの男の子は『塩漬けのリンゴ』で雷と縁がある。女の子は、別府くんのお嫁さんのことだと思ったの」

私は、この夢の話を興味津々で伺いました。

私にとっての雷は、先述のように小さい頃から皮膚の内側に塗り込められたタールのようなものを拭い去ってくれるありがたい存在だったことが一つ。また実際、年が明けてから決まった婚礼の日取りは、この夢から6か月後だったのです。

ちなみに「塩漬けのリンゴ」とは、宇宙人の間に古くから語り継がれる予言において、「時至るまで腐らないように取っておかれた、地球の進化のために身を尽くすことを誓って異星から転生してきた魂」を意味していると聞いています。

一九九三年十二月三十一日

夢です。

本屋で立ち読みをしていた私の前に、黒縁眼鏡を掛けた真面目そうな背広姿の男性が現れました。

その男性は、「聞いて欲しい」と言って、その方が地球新生のための大切な役割を担っていた一九六〇年当時、周囲の同志たちとの関わりの中で、いかにして自分が失敗に陥ることになったのか、その顛末（てんまつ）を語ってくださいました。内容は、次のようなものでした。

事を成し遂げるには、深い闇の中で時節の微かな変化の兆候を捉え、必要とされる意識状態を一つ一つ体現することが必要なのです。体現に成功すると、地球新生のための扉が開いて礎（いしずえ）が築かれますが、体現にも個人の内に成されれば十分なものと、複数名の意識の振動によって初めて可能になるものとがあります。礎を築くことは、内奥の世界における地球の国土を創生することです。

一九六〇年当時には、それと気付かないほど些細なことから始まった微妙なずれが、やがては同志たちの間にも広がって横たわってしまったと、そしてついには、取り返しのつかない結果を招くことになり、機を逸してしまったとおっしゃるのです。

すごい話だと思いました。

事を成し遂げるのに必要とされる意識状態の高さと、それを体現する難しさ。心の平安と意識の高揚に加え、微かな変化を捉える鋭さも必要です。障壁は、一見何の問題もなさそうに見える、それとは分からぬものの中に潜んでいること。真に迫って伝えられる内容は、いずれもそれまでの私の理解をはるかに超えた深さをもっていました。

それまでの私は、天地は人間の手の届かない所で創造されるものと思っていたのですが、内奥の世界における新たな地球の天地創造は、地球人の魂の参加なしには成り立たないのだと、以前よりも深く理解できたのです。

しかしそれらは、地球の命運を左右するスケールの話でしたので、すごいとは思ってもそれほど私と関係があるように思えず、失敗の経緯のあたりはちょっと他人事のように聞いていました。

すると、自分と同じ過ちをさせるわけにはいかないといった風で、

「もっと真剣に聞いてください!」

と言って、さらに熱心に語られるのでした。

目が覚めても、緊迫感の余韻が残っていました。

この夢を見た頃から数年間は、特に高い頻度で『オイカイワタチ』の著者が夢に現れ、様々な形で私の気付きや目覚めを促してくださいました。

実は、「はじめに」で紹介した「白い光体」はこの方の高次の姿で、初めて夢に現れてくださっ

た時のことだったのです。

将来の地球の次元上昇を目前にした状況において、宇宙船から一緒に眼下を見つめながら、「あなたはこの時を迎えるまでに、オイカイワタチの歩みをなぞるような体験をします」とか、今の地球ほど数多くのワンダラーが生まれてこられるのは、これまで次元上昇の時を迎えた数々の星の中でもまれなことで、地球の置かれた条件が特殊であることや、ほかならぬ地球からの要請があって、そうなっていることなどを伝えられました。

一九九四年二月

これも夢です。

ホテルの大広間で皇太子殿下のパーティーが執り行われました。５００人規模の華やかな催しで、私は大勢いるウェイターの一人でした。

無事にパーティーを終えて後片付けをしていると、おもむろに扉が開いて皇太子殿下が現れ、私たち市井（しせい）の者に向かって、たいそう丁寧にお辞儀をなさいました。私たちは皆、光栄に浴して感激の面持ちです。

実は、準備段階から最後まで、私たちの間では、段取りなどを巡って、しばしばどうのこうのと言い争いが起こっていたのです。皇太子殿下はそれらを全てご存知のうえで、そうしたことも、皆がパーティーを成功させたい一心であったがために起こったことと理解し、表面的には諍(いさか)う我々の本の心を観てくださったのです。その姿は魂の光がこぼれ、大変に美しいものでした。テレビで見るのと間近で見るのとでは、全然違うのだなと思いました。

一九九四年六月
ある女性が、書き留めた言葉を見せてくれました。

静と動
静……静……静……静極まって動……
動……動……動……動極まって静……

それを見ると、言葉が浮かんできました。

静の極みが動
動の極みが静
静とは何か

静には抵抗がない　速い
抗わず　その流れを永遠と永遠のはざまに　その存在がそうであるように存在させる
動とは何か
動は変化とうねり
ある時には　その流れを明確な意志をもって見極め　あるいは受け流し
ある時には　その流れに変化の先駆けとなる楔（くさび）を打ち込む
静は観る
動は見（まみ）える

一九九四年八月二日
ひめゆりの塔（沖縄県糸満市）へ行きました。

門を入ると、何も感ずる間もないほど突然に、涙が流れ始めました。

訳も分からず、とにかく頭を下げて瞑目します。

どのくらいの時間が経ったでしょうか。涙も落ち着いて目を開けると、周囲を数十羽の黒いアゲハが舞っていることに気付きました。私の体が、蝶の舞に包まれていたのです。斜め上には、夥（おびただ）しい数のトンボが群れを成しています。

お釈迦様の涙で浄められたら、こんな場所になるのだろうなと思いました。
帰りのタクシーからは、淡い虹も見えました。

一九九五年四月

自分の意識と宇宙人の意識が、入り混ざった状態で浮かんできた言葉。

地球に降りてきた者たちは、降りてきた時の波動を思い出す時であるように思います。思い出す時です。

降りてきた時の、言葉に表現することのできない、ある何ものかを思い出すことです。よく思い出して、言葉に変換しないままでよく味わって、そしてその時の波動と現在とを合体することです。合体することが大切です。分断されていたものを繋ぎ、一体になるのです。一体となった新たな波動で、仕事をすることです。それは、新たな創造ということです。

今という現在において全てが一体であるように、過去と現在も、全てもともと一体です。

また、それぞれの過去が独立した個性をもっていることも確かなのです。

地球に光を運ぶ目的で降りてきた者たちは、地球に降りてきた時の波動と一体になることによって、その目的を果たすことをやりやすくするのです。

高知でのＵＦＯ写真展

京都高島屋でのＵＦＯ写真展で展示された写真を撮影なさった方とは、京都での写真展を機に、時折連絡を取り合うようになっていました。また、高知でもＵＦＯや地球の進化に強い関心を寄せる方たちと知り合い、一九九五年十一月には、ＵＦＯ写真撮影者による「やすらぎの黙示ＵＦＯ」講演会を高知市で行い、翌一九九六年五月のゴールデンウィークには、「やすらぎの黙示ＵＦＯ」写真展を開催する運びとなっていました。

その直前の一九九六年三月に、ちょっとした、しかし私たちにとっては大変に勇気づけられる出来事がありました。

仲間との打ち合わせを午後に控えた日の朝方、東の空を眺めながら自宅の部屋で考えを巡らせていた私は、自身の想いが「写真展を入場無料で行いたい」との結論を得たことが判りました。

実はその頃、写真パネル搬送のための美術品専用トラックの手配や高知市内一等地の会場借り上げ料、細かいところでは案内パンフレットの印刷など、写真展の開催には結構な費用が必要なことが分かっていたのです。

写真展の開催のためだけに集まった実行委員会のメンバーにとっては、イベントの開催など初めての経験で、最初はどの程度の経費が必要になるのか気に掛けることもなく、それぞれがそれぞれの場で自分にできることに取り組んでいました。そのため、準備がかなり進んだ後で資金捻出についていても考えることになったのですが、誰も妙案が浮かばず、話題にするのも少々気の重い課題となっていました。

そのような中、私の思考は納得のいく着地点を探しておおむね次のように展開し、やがて結論にたどり着きました。

「京都の高島屋での写真を、高知の人たちにも見てもらいたいという想いをもう一度よく思い起こしてみよう。

あの想いに照らしたときに、入場料を有料にすることは、果たして最良の方法だろうか。例えば、会場の横をたまたま歩いていて『見てみようか』と思ってくれた人がいたとしたら、その人にはその思いのままで見てもらえたら一番いい。『今、財布にお金はあったかな？』なんて余計を煩わせるのもどうかと思うし……。

そうだ、やっぱり入場料は無料がいい。自分は確かにそう思っている」

その気付きとともに私の心の霧(きり)は取り去られ、実に晴れ晴れとして力が漲(みなぎ)ってきました。

すると、窓の外では上空に宇宙船が舞い始めます。それは徐々に数を増し、最後には乱舞と言えるほどになっていました。私はその様子を眺めながら、

「これは、宇宙の心に適ったものだ！　必ずうまくいく！」

と確信します。その後は、ただただ自分の思念の余韻と、宇宙船の美しい姿を見た喜びとに浸っていたのです。


午後の打ち合わせは、郷里出身の物理学者寺田寅彦の家で行われました。宇宙船乱舞の話も盛り込んで、身振り手振りを交えながら、

「入場料無料でやりましょう。それを決めさえすれば、後は必ずうまくいきます」

と呼び掛けました。

具体的な資金調達の目処は全く立っていない状況でしたので、メンバー一人一人が踏ん切りをつけるのにはさすがに少々の時間を要しましたが、最後には満場一致で入場料無料の方向に舵が切られました。

今にして思えば、よくぞ一番の若輩者である私の無鉄砲な提案を受け入れてくれたものだと思います。とにもかくにも、提案が通った喜びと、まだ見ぬ素晴らしい眺望との出会いが一気に近付いた期待感に胸を膨らませ、私は揚々と帰宅したのでした。

それから、数日後のことです。帰宅すると、愛知県の知り合いの女性から厚めの封書が届い

ていました。開封すると、手紙にこう書いてあります。

「父の遺言で、世のため人のために使う時が来るまで取っておいたお金です。どうぞ、ＵＦＯ写真展のためにお使いください」

何と、手紙には、必要経費の少なくない部分を賄えるだけのお金が添えられていたのです。驚きと感謝の思いで一杯の私は、さっそくお礼の電話を差し上げました。

そこで、お金は遺言に従ってこれまで使わずに大切に取ってあったこと、写真展のことは私が開催準備の進捗状況をお伝えしていた別の方から聞いたことなどを伺いました。

高知の仲間にも電話で報告すると、さすがに、

「天の配剤です……」

と絶句なさっていました。

20代の頃の私は、このような経験を通して「信頼に足る自分の内なる感覚」と、「自我が勝手に作り上げた妄想」との違いを、少しずつ学んでいきました。

それから1か月余りで、「やすらぎの黙示ＵＦＯ」写真展は開催されました。

クジラの体を模した近代的な会場内にＵＦＯ写真のパネルが設置されると、辺りには清澄な空気が漂います。空を撮ってあるのに、海の底のようでもありました。３年前の京都の写真展

での、「高知の人にも見てもらいたい」との想いをつい先ほどのことのように思い出し、ここまでこぎつけたことを誇らしく感じました。

5日間の開催期間中は、こちらの想像を超える4千人もの方に足を運んでいただきました。スタッフとしても、東北や関東からの応援が駆けつけて、受付や案内の係を買って出てくださったのは助かりました。会場上空には連日、結構な数の宇宙船が飛来していました。

最終日の昼下がりには天頂に虹も出て、皆で「写真展を寿（ことほ）ぐ徴（しるし）だ」と喜びを分かち合いました。

湧玉誕生

皇室と記されたカード

一九九三年頃からは、「湧玉」という言葉が気になり始めました。ふと言葉が浮かんでくることや、夢に出てくることが続いたのです。この言葉が私に伝えられる際は、「地球の内奥の中心」というような意味合いで用いられています。

しぶきと共にほとばしり出
湧き立つ

清冽な
それが湧玉

しぶきをほとばしらせている湧玉の様子が、脳裏に浮かんできました。一切の穢れがない清浄な球体です。地球の内奥の中心であることが判ります。

あの奥の奥　中心である湧玉を守り抜くこと
湧玉に決して他のものを混ぜ込まぬこと

内奥の世界における地球の中心であるがゆえに、「他のもの」を混ぜ込むと、そこから流れ出る一切に「他のもの」が混ざり込みます。湧玉は生れ出ずる地球という川の源流の始点とでも表現できるものです。

その湧玉が、一九九七年に生まれ変わっています。当時の私は、自分はこのために今生の生を受けたのだと思いました。天皇の龍の誕生とも深く関わりますので、時系列に沿って経緯を説明します。

一九九五年五月

夢を見ました。

２人の人がいます。おそらく男女です。彼らはいわゆる、「悪魔」でした。

私は、彼らの内面の動きや行動の様子が映し出されるのを、じっと観察しています。

彼らの行動の中には、神を信じ抜く強さと深い信頼とがあります。それが手に取るように判ります。

泣きました。

人からは、ただの悪のように見えて、つまり、様々な側面で誤解を受けながらも、地球という学びの舞台で自らの役割を忠実に果たし抜く。そういうことがあるのだと思います。

理解し難い直感をも、神を念じて形を変えず、そのままに行動に移す。それがいかに困難なことか。

光の役と影の役という言い方をしたときに、影の役も並大抵では果たせないことを理解させられました。

一九九六年一月十五日

成人の日に見た夢です。トランプの一番下のカードをめくると、白地に黒い文字で「皇室」と書かれてありました（図3）。ただそれだけなのですが、非常に印象的であるだけでなく、起きてからもしばらくそのカードが見えていました。何か、重大な意味がありそうに思いました。

図3　皇室と記されたカード

注…図3、4、6、7、19、21～23はWolfram社の科学技術ソフトウェアMathematicaのGraphics機能を使って作成

未来の地球

一九九六年十一月

自宅で静かに過ごしていた私は、ふと椅子から立ち上がり、見るともなしに本棚の横の方に視線を向けました。

おそらく、無心の状態だったのでしょう。何の前触れもなく、目の前に宇宙空間に浮かぶ地球の映像が浮かんできました。未来の地球です。私は、地表近くまで降下して、様子を観察しています。

様々の色合いの光が重なり合い、響き合っている様子は荘厳そのもの。

人はあまりいません。

植物が豊かに繁茂し、水は輝いています。

人の意識は解放され、外界と分かち難い連動性を保っています。例えば、人が薄物のように広がっている雲に意識を向けると、雲はそれに呼応してフッと瞬くような変化を見せます。植物に意識を向けると、植物はそれにフワッと反応します。

人は、外界との意識の交歓に、己(おの)が心の悦びとやすらぎを観じています。もはや周りの空気と自分の体との境界は曖昧で、融和して広がっています。全てがそのような様子です。

この映像が浮かんだまま、言葉が流れ込んできました。

銀河系宇宙に横たわる
二元性の深い相克（そうこく）
これを解き放つというテーマをもって
その引き金となる地球にあなた方は来ました

そのテーマが完遂される時が、いよいよ近付いています
澄みわたり
息づく地球の輝きは
地球だけの輝きではありません

あなた方一人一人の愛の顕れが
それぞれこの惑星とシンクロし
一体となってこの惑星を包み込んでいます

全ての愛が開かれた時の
地球の荘厳さが

今のあなたに想像できるでしょうか

全ては癒やし尽くされなければなりません
そのままに
その全体をよく見、体験し、味わい
理解しなさい

心が騒ぐのは、全体性が理解されていないためです

癒やしは全体性によってなされ
全体性が理解されたとき
愛が大きく開け放たれ
実現され
拡がります
では静かに……
そして Happy! Happy! Happy!

このような光景を目にし、言葉を得たことは大きな喜びでした。脈動する銀河系宇宙の中で、進化の引き金としての役割を担う、この地球。完遂される時が近付いていると言っても、それは巨大な時間の流れに照らしての話ですから、まだ少々先の話なのかもしれません。それでも、様々な宇宙の存在が、この地球に特別な意味合いをもって関わり始めた時からすると、最終盤のほんのわずか先のことなのです。

私は、この光景を思い出す度に、やすらかな心持ちを覚えます。

きっと、私が先々まで自らの方向性を見失うことのないようにと、見せてくださったのでしょう。


これに関連して、よく思い起こすことが二つあります。

一つが、アブラゼミの羽化です。

産卵から7年目に羽化するといわれるアブラゼミは、羽化に際して表現しようのないほど美しい薄緑の体を現します。それが、いよいよ幼虫の殻から抜け出ようとするまさにそのときに、「この美しい体も、無残に地面に落ちて台無しになるのではないか」と、ハラハラするほど体を反らせるのです。

現代の地球も、飛躍的進化の可能な周期の7回目にあると聞きます。6回目までは地上に出ることもなく終わり、飛躍的進化を遂げることは叶いませんでした。

アブラゼミの羽化が本当に7年目に起こるかどうかは、研究者たちにもはっきり確認されておりませんし、地球の進化の周期が本当に7回目なのかも分かりません。

しかし、この度はセミが地上に出て変容を遂げて大空に飛び立つように、地球が飛躍的進化を遂げることは判ります。その最終盤、誰の目にも新しい地球の顕現が明らかになった段階で、「全てが台無しだ」とか、「うまくいったと思ったのは勘違いだったのか」と思わされるほどの状況を経過するのではないかと、ふとそんな気がしたのです。

まだ中学生でしたので、自然界にこんな徴が埋め込まれていたのかと、おののくような心持ちを覚えたものですが、今でも時々、羽化で言えばどの段階だろうかと考えることがあります。

もう一つが、学生時代に教わった次の言葉です。

鈴の音鳴りやまず

天から降りてきた天使たちは
初め形も定まらず、行くべき道も分かりませんでした

幾度となく繰り返される自然の中
天使たちはやがて、ひとつの道を見いだしました
道はひとつでした
天使たちはそれを迷うことなく進みました
いいえ、本当は迷いだらけだったのかもしれません
それでも、天はどの天使も皆
時の鈴を鳴らし続けているのを観じられ
やさしく微笑まれるのでした
鈴の音を聴くことで
天と天使の間の約束が静かに守られていて
天はやすらかな心を保たれるのでした

しかし、地上の多くの天使たちは
天の鈴を鳴らすことを忘れ
独自にその鈴に、意味を、名前を、響きをつけたりするのでした
ですから、天の鈴はそのままに鳴ることを許されず

まるで時計のように計られたり都合つけられたりして
ずいぶん汚れて音が鈍っていたりしました
それでも、やっぱり天の鈴ですから
天使たちはそれを離れることができませんでした
天使たちは皆、鈴を持っていることは確かで
天の鈴と天使は一体で
天は天使たちの鈴の音によって作られ
鈴は天によって作られたのですから

ただ、それが何の鈴であるかを見極めるのには
かなりの修行と年月を要しました

まだ、一以上の数字がなかった時代の話です
大いなるひとつからすべてのひとつが生まれ
すべてのひとつはそれでもやっぱりひとつなのでした
どこへ行くにもひとつ、何をするにもひとつ

楽なものでした

そしてある日
ひとつの鈴の音は、宇宙空間に鳴り響きました
始まりも終わりもなく
一瞬にして永遠に
ゴワーンと

天はひとつの世界で
何も答えることのない透明な音に
ひとつの世をお忘れになり
去られてしまったかのように見えましたが
天の作った鈴も、天使も、天も
ひとつの世界で
ただ深まり広まる
鳴りやまぬ

鈴の音になられたようでした

投げかけたまえと宣（の）る神霊

一九九七年春

夢の中、私はある存在を救い出しに来ています。

その存在は、神霊です。場所は大峯本宮天河大辨財天社（おおみねほんぐうてんかわだいべんざいてんしゃ）（奈良県吉野郡天川村・市杵島姫命（いちきしまひめのみこと））でした。

誰にともなく、

「赤黒い重低音のような波動、それを軽やかな水色の波動に変えに来たのです」

と話していました。

そのままその場に佇んでいると、重い扉がゆっくりと開くかのように、私に向かって神霊の意識が開かれました。

投げかけたまえ

心の内に　その閃光を
わたしの閉じかけた瞳の奥に　あなたは私を見つけ出す
あなたはわたしを照らし
混乱の世にあって　幽かな雲間を通り抜け
私を救いにきた存在……

重く赤黒い波動に絡め取られた「わたし」の高貴な顔立ちは生気を失い、半眼の瞳は鈍っていました。

神霊の波動の巨大な質量感と凄絶な苦しみ、人々の欲望に絡め取られて徐々に沈みゆく過程が、目の前に順に浮かんできます。

本来は、頬を軽くなぜるそよ風のような水色の波動だったのです。しかし、人々の我欲の祈りの呪縛に徐々に絡め取られ、身動きできなくなってしまいました。

その神社では、ある事をきっかけに人々の強烈な執着の想念が、御神体の内部にまで入り込んでしまったのです。そこには、タールのように粘りのある波動がべったりと塗り込められています。赤黒い波動は、人々の欲望の集積でした。

「売れさせてくれ、儲けさせてくれ、特別にさせてくれ。俺も、俺も。私も、私も」

神霊でさえ抗い難いほどの我欲が、全てを台無しにしていました。

これが、夢の中で感じ取った内容ですが、私に感知できた領域に限られた話であって、その当時の、この神社の状態全てを表したものではないことを特にお断りしておきます。

その後、私は実際に神社を訪れました。

祈りの中で、自分の心の内に向かって、青白い閃光が鎌の刃のように飛んだかと思うと、神霊を縛りつけていた大元はぷつりと切れ、神霊を覆っていたゴムのような膜も、するりと抜けました。呪縛が断ち切られた神霊の解き放たれる様は、岸に係留されていた大きな船が、ゆっくりと海原へ押し放たれたかのようでした。

万物が一体であることには、神霊と人との関係も例外ではなく、関わり合いは双方向的であること、また、人の想念がいかに強力であるかを学びました。

ただ、その時の学びはそれだけでは終わりませんでした。

神社から帰宅する途中の、ドライブインでのことでした。私たちの前の車に若い男女が乗っていたのですが、その助手席のドアから、運転席の男性に殴られた女性が崩れ落ちて出てきたのです。女性は、乱れた髪もそのままに、何の反応もなく地べたに座り込んでいます。呆気に取られた私たちにまだ気付いていなかった男性は、車外に出てさらに1発、拳で女性の顔を殴りつけました。

これは危険だと思い、止めさせようと車に近付いていくと、それに気付いた男性は再び女性を車に乗せて、あっという間に去っていきました。

思い出しても息が詰まります。

神霊が解き放たれたその帰りに、このような場面に出くわしたことのそのゆえを、心して胸に刻むようにと言い聞かせながら帰宅しました。

いったい、何を教えてくださるものだったのでしょうか。現実に目の前で起こった暴力行為の衝撃は、簡単に拭い去れるものではありません。

また、それとともに、見えない世界での意味も秘めているように思われました。

暴走する男性に打ち据えられた女性。私に理解できる範囲では、男性が人の欲望を、女性が神霊を、それぞれ象徴しているようでした。

聖なる水の女神に、無茶な要求を強いるのが、人の欲望だったからです。

本来であれば、女神は秘された自らの本質をそっと垣間見せることで、その人自身の神性に帰依させるはずでした。しかし、人は内なる女神への恭順を示すどころか、自分の内面には見向きもせずに、世俗的な成功に血道を上げてしまいます。丁寧な物腰で行う拝礼の裏に隠された欲望を、

「さあ、さあ、叶えてください！　今すぐにでも！」

と突きつけてばかりだったのです。

ついに解かれた七つの封印

一九九七年五月頃
私の知り合いの方は、数年前から一九九七年七月は地球にとって大きな境目となるというメッセージを受けていました。また、別の方は、一九九五年八月にアシュターというシリウスの宇宙人から、「一九九七年七月は、地球の次元上昇の重要な転換点である」と聞いていたのです。
それらに加えて、地球の進化を願う者どうしで、七月二十日に語らいや祈りの場をもちたいという霊感を受けられた方が数名いらっしゃったことから、これらの方々で集いを計画され、

私は集い（以下「今回の事」）に参加を呼び掛けられました。その後、場所は高知県香南市夜須町手結（てい）の奥であると連絡を受けました。

この頃に、これらの方々のうち３人がたびたび集まって、今回の事が神様の御心のままに行われるよう、準備の祈りを捧げられていたと聞いています。

私も、何か壮大なスケールの抜き差しならぬ物事が動き始めたことを感じていました。

一九九七年七月初め

夜、布団の上で目をつむると、次の光景が浮かんできました。

女性が、手結の辺りにいます。

そこには、七つの封印が施されていました。

封印を解くことは、封じ込められているものを体に受けることで、大変な苦痛と悲しみを伴います。解かれると手結は清められ、封じ込められていた物事が展開されるのです。女性は激しく嗚咽しながらも、それを自らの役割として、一つ、また一つと解いています。私は傍（かたわ）らで助手をしていました。

封印されていたのは、人々の古くから積み重ねられてきたカルマで、その醜さと恐ろしさゆえに、これまで目を背けられてきたのでした。一番奥には、神聖な何かが秘められているようでしたが、察知できないほど小さくおぼろげです。

封印を解くのは女性の役割で、私にはそばで見守ることしかできません。

宇宙船乗船

一九九七年七月中頃
午前2時頃だったと思います。

実家の2階で寝ていると、戸外が妙に明るいことに気が付きました。

起き出して廊下に出ると、何か浮かんでいる物から光が放たれています。

いったい何だろうかと興味をもって家の前の道に出ると、7、8メートルほど上に、直径10メートルほどの、まるでプラスチックでできたかのようなかわいらしい宇宙船が浮かんでいました。

まるで、子供のおもちゃか遊園地の遊具のような雰囲気の宇宙船なのです。頭の中で、

「おもちゃみたいなやつだな」

と思うと、

「あなたに、恐怖心を与えないためです」

と、頭の中に返事がきました。

私は、闇夜の森でも墓地でも平気なので、

「俺は怖いとは思わないと思うけどな」

と訝しく思いました。それには、返事はありませんでした。

続いて、

「あなたを、私たちの惑星に迎えにきました」

と伝わってきたので、

「それはいいな」

と思うと、次の瞬間には、私は宇宙船の内部に立っていました。

内部に満ちている光は柔らかで、地球上で使われている照明の刺すような光とはかけ離れていました。会話は全て、テレパシーで行われました。

乗組員は人型で、身長は1メートル60とか70ほどに見えました。ただ、体の周囲にうっすらと光を帯びているために、輪郭がはっきりしないのです。淡々と、自分の任務を果たしているようでした。

彼らからは、私の訪問時間が24時間に限定されていることが伝わってきました。どうやら、異星との開かれた交流が始まっていない地球のような星の住人については、規約で訪問に時間制限が設けられているようです。

地球から移動中の宇宙船は、先ほどまでの遊具のような見た目とは異なり、圧倒的に神秘的な光をまとっていました。通常の空間とは異なる、亜空間とでもいうべき領域、時間と空間の区別がつかない、光が液状になる領域を、飴のようにうねる虹色の光の液体と共に通り抜けます。それはちょうど、山頂からの絶景に圧倒される感覚をはるかに強くした感じで、なるほど恐怖心を抱きかねないほどのものでした。

心の中で、

「いや、確かに最初からこんなのを見せられたら、ひるんでいたかもしれないな。それにしても、こんな宇宙船を造るなんて、この文明はどれだけすごいのだろうか」

と想像しました。

空間を旅することと、時間を旅することとが同じ種類のものであることを、体で理解しました。

体感時間で10分も経っていません。惑星にはすぐに着きました。着いてみると、宇宙船から受けた印象とは違って、地球とそれほど大きな違いはないように見えました。せいぜい千年程度、多く見積もっても3千年程度の差でしかないように思われます。

彼らは、拍子抜けしたような私の思考を読み取っても心の静けさを失わず、ただ淡々と、

「私たちの惑星も進化の途上にあります。地球より、少し進歩しているだけです」

と伝えてきました。

私をこの惑星に迎えたのは、惑星の霊的中心者の勅命があったためだそうです。中心者は、神殿の奥深くでその惑星全体の弥栄(いやさか)を祈る存在で、地球でいう天皇に当たります。迎えに来た宇宙船は、その霊的中心者が乗船することもある、聖別された特別機なのだそうです。特別機の建造に関わることができるのは、内面の純粋性を保っているかどうかという観点から認められたごく一部で、作業員というよりも神官のような存在でした。彼らは、一般機の建造には携わりません。

「宮大工みたいだな」

と思いました。

いずれにせよ、その惑星の宇宙船の全てが、私の乗せてもらった宇宙船ほどの物ではないということでした。

その惑星では、教育や医療、祭政の在り方などの説明を受けました。


まず、住人全体に、「人という霊的存在は、輪廻の旅路の中で、その人に固有のこの上なく神聖な計画の下に生きている」という共通認識が存在しています。この共通認識が、社会の基盤となっています。


教育においては、天分、すなわち生まれる前に意図してきたその人生の学びの計画が、第一に尊重されます。自分の選び取っている霊的向上の道を踏み外さないように、一人一人が思慮深く見守られていました。

ここで、その惑星の全体を1本の川の流れ全体に、住人一人一人の霊的向上の道を1滴の水の旅路にたとえましょう。

ひっそりとした源流の始まりの滴の連なりは、その神聖さを汚されることなく、苔むした岩の間をぽたりぽたりと垂れていきます。滝や急流では、激しく渦を巻いてしぶきとなって散りながら、とうとうとした淀(よど)みでは、たおやかにらせんを描きながら、ゆったりと進みます。せせらぎでは、存分に浴びた光を様々な方向にきらめかせるのです。

その際に尊重されるのは、滴が滴となる前に意図していた計画であって、個々の滴は実際にそのとおりに流れてみる中で、存分に体験することが推奨されます。その魂が、学びを深めるのに最も優れた方法だからです。

学びの仕組みの根幹は、地球と変わらないのですが、滝を前にして必要以上に悩むこともなければ、淀みにいるからといって落ち込むことはなく、石にぶつかった後で左右に分かれたからといって取り乱すこともありません。自然の流れを信頼して、宇宙の叡智に委ねることが大切にされています。ある滴が、他のどの滴とも異なる唯一無二の旅路を経験していることに対して、互いに十分な敬意が払われているのです。

また、蒸発を死に、雨となって降り注ぐことを誕生にたとえると、ある滴が同じ水系で循環することは、特定の惑星で生死を繰り返すことにたとえられます。その滴が、ときに海を越えて他の水系で新たな循環の場を迎えることがあるように、ある魂がその星での学びを終えると、新たな星へと旅立つこともよく理解されているのでした。

医療においては、体を切り開かなければならない病気や怪我はもはや存在しないようでした。

癒しや治療は、全てオーラに働き掛けることでなされていましたが、治療というよりも調整と言ったほうが適切かもしれません。オーラには、水晶などの鉱物も使って音と光で働き掛けます。オーラに関する音と光の幾何学についても、説明を受けました。

詳細の記憶はすっかり抜け落ちてしまったものの、人体に関わることを中心に、土地と土地の間や、天体の配置にも共通する内容で、定型と天衣無縫を兼ね備えた躍動感を感じました。

政治のまつりごとと、祭礼のまつりごととは一致しており、個人の指針も、惑星全体の指針も、祈りや瞑想によって見いだされていました。彼らにとって、指針は「考える」ものではありません。ほのかな手掛かりを基に、内奥の世界に分け入って「見いだす」ものです。祭礼の様式には、正多角形の頂点に座して行うものもありました。

それぞれの地域どうしの融和は惑星全体に及んでおり、国という概念はもはや存在しません。また、祈りや瞑想を通して見いだされた方向性には誰からも節度を保った敬意が払われますし、一人一人が自分の内部にもたらされる啓示によって奉仕し合っていますから、異論がぶつかり合うなどということはありません。ずいぶんと平和です。

見物後、地球に戻る時間がやってきました。

「ここに来た記念に、これを差し上げましょう。ただし、むやみに人に見せるのではなく、よく内容を説明したうえで分かち合ってください」

と、封筒のような物を渡してくれました。

おそらくは、私の体験が泥まみれにされることのないようにと気遣ってくれたのだと思います。

再び地球の地を踏んだのは、実家の50メートルほど東でした。

その惑星で過ごしたのは、体感時間で24時間ほどに思えたのですが、戻ってきた時の明るさから判断すると午前4時過ぎ。地球から離れていたのはわずか2時間ほどのようでした。

封筒のようなものを開けると、絵と文字が書かれた画用紙が十数枚入っていました。実際には画用紙ではないのですが、そう表現するのが一番近いです。

そういえば、渡される時に、

「人は通常、複数回の人生を経て一つの事を学ぶが、あなたの今回の人生は、それを1回で17項目にわたって学ぶ、特別に実りの多い人生として計画されている。ごく普通の社会的立場を選んで生まれているが、地球での輪廻の集大成とも言える人生である」

と聞かされました。

画用紙には、私がこの人生で学ぶ事柄が記されていたのです。文字は、ホツマ（ヲシテ）文字とよく似ていました。もしかすると、ホツマ文字そのままだったかもしれませんが、確言できるほどには記憶が明瞭でありません。絵は、文字だけでは表現できない部分を図象化していました。

いずれも深い意味をもつ内容ばかりで、それを見ていた時には現代日本語として理解できたのです。

実家の2階に戻り、眠気を覚えて布団に潜り込むと、再び目覚めた時には、封筒のような物は手元からなくなっていました。

そのため、自分では肉体でよその惑星に行ったつもりなのに、霊体か何かで行っていたのか、よく分からなくなりました。

画用紙に書かれていた内容については、1枚分だけはっきり覚えていました。

あらゆるものは、同じように永遠の進化の道を歩んでおり
必ず進化してゆく
至らぬ部分を見たときも

全ては必ず進化してゆくということに
完全な信頼をおいて接するように

十六皇統の御魂

一九九七年七月十九日

今回の事に参加すべく、独り車で手結の奥の宿泊所に向かっていた私は、山中で道に迷ってしまいました。

そのとき、道の脇に轟（とどろき）神社（高知県香南市夜須町）という小さな神社を見つけ、ふと感じるものがあって詣でました。

道も分かって無事に到着したところで、一九九六年一月十五日に見た映像が、まざまざと思い出されました。ただし、カードが半紙に、「皇室」が「皇統」に変わっていました（図4）。

皇統

図４　皇統と記された半紙

この日、福島から高知までの各地から、十数名が集まって宿泊しました。

一九九七年七月二十日

朝早く目が覚めた私は、ほかの人を起こさないように起き出して、独りで散歩に出ました。見晴らしの良い場所を見つけ、晴れ渡った朝焼けの下、裸足で大の字になって寝転がっていた私は、東の空に美しい姿で滑空していく宇宙船を認めました。それは根拠もなく、アシュターの乗った宇宙船であると理解されました。

朝食前、昨日の「皇統」という文字に思いを巡らせていると、ふいに、

「今日は、十六皇統の御魂の集まられる日である」

という思いが湧いてきました。

十六皇統の御魂とは、神代の昔に、高天原から地球を16分割した22・5度ずつ経度をずらして天降られた御魂です。一九九六年一月十五日に見た「皇室」というカードの夢は、このことだと理解されました。

この後、しばらくの間、

「ダッタダッタ、ダッタダッタ……」

と連続する太鼓のような音と共に、十六皇統の御魂が近付いているのが感じられました。

朝食後、今日は琴平神社（高知県南国市・古伝によると香川県の金刀比羅宮（ことひらぐう）の元宮・大物主命（おおものぬしのみこと））と神峯神社（こうのみねじんじゃ）（高知県安芸郡安田町・13個の穴がある磐座（いわくら）を祀る・大山祇命（おおやまつみのみこと））で祈りを捧げる予定であると聞きました。

隣に座っていた同行者に、

「今日は十六皇統の御魂が、ダッタダッタ、ダッタダッタ……、という音と共に参集されている」

と話すと、それを横で聞いていた別の同行者は、ブルブルッと身震いしていました。

出発前、誰が言うともなく気が付けば全員が円形に座っており、自然と瞑想が始まりました。

瞑想中、私の口をついて、

「**私はサナンダ。皆さんの内に降り立ちます**」

という言葉が出ました。

愛と慈しみに満ちたその波動に、涙を流す方もいました。サナンダとは、地球の次元上昇に係る全てを統括する高次の意識体で、地球にはイエス・キリストとして生まれていた存在です。

また、私の胸の中には、「地球、ここに澄みわたれり」という言葉も浮かびました。浮かんだだけで言葉にはなりませんでしたが、今回の祈りが成し遂げられれば、この言葉を奏上できるのではないかと思われました。

瞑想も終わりが近付いてきた頃、極めて高いエネルギー体が接近してきました。接近に伴って胸の鼓動は高まり、呼吸も速くなってきます。親しさを感じるものの、合体しようにも、私の肉体の分子構造ではとても受け止めきれないほどのエネルギーです。私はそれを、銀河の中心太陽セントラルサンに存在している、もう一つの自分だと思いました。

瞑想を終えてから、一行は琴平神社へと向かいました。

琴平神社に着いて、皆で拝殿に座して祈りを捧げ始めると、上方から私に掛かる波動はじわじわと荷重を増して強くなり、ついには座っているのが耐えられないほどになりました。

これまでに体験したことのない、巨大な質量感です。

絞り出すかのような声で、

「**十六皇統の御魂、ここに集へり。いざ、出陣！**」

と出ました。これでいよいよ、火蓋(ひぶた)が切られたのです。

祈り終えた後も、受けているエネルギーのあまりの強さに体が思うように動かせず、やっとの思いで拝殿の階段を降りました。

そのとたん！

落雷があったかのようなすさまじい轟音を轟かせて、宇宙船が私たちのすぐ上を飛んだのです。

一同、今回の事がただごとではないことを改めて感じ、琴平神社を後にしました。

前日、轟神社に詣でたことを思い出しました。

私は、神峯神社へ向かう車中でも、琴平神社での波動をずっと受け続けていました。十六皇統の御魂を、お連れしているのでしょうか。

真剣に祈り続ける中、やがて車は神峯神社に到着しました。十六皇統の御魂の目的地であり、また、ここでの祈りで今回の事が完結するのではないかと感じていた場所でもあります。

集まった13名で祈りを捧げました。

しかしながら、波動はいつもと変わらず、何の変化も起こりません。そのまま静かに座っていると、突如として非常にショッキングな光景を見ました。

神社の石段を、黒い鎧姿の者たち数十人がすごい勢いでかけ上がってきて、あっという間に我々のうち3人の首をはねてしまったのです。

なぜそんな光景を見ることになるのかも分からない。かつて世の終わりに際して、このような悲惨なことがあったのでしょうか。地球の生まれ変わりの、まさにならんとする大切な大切な瞬間に、このような出来事があったのでしょうか。

帰りの車中でも、いろいろな思いが錯綜(さくそう)します。

神峯神社で完成すると思われていた今回の事は、失敗したのだろうか。それとも、完成すると思っていたこと自体が私の自我だったのか。「地球、ここに澄みわたれり」という言葉が出てこないことだけは確かでした。

ちょうど助手席に乗り合わせた方も、もやもやしたものを感じておられたようで、疑問を確認し合いましたが、それ以上のことは分かりませんでした。

その夜、私は仕事の都合で皆よりも1日早く帰宅しました。

時は満ちた

一九九七年七月二十二日

前日もこの日も、ほぼ終日にわたって二重の日暈(ひがさ)が出現しました。

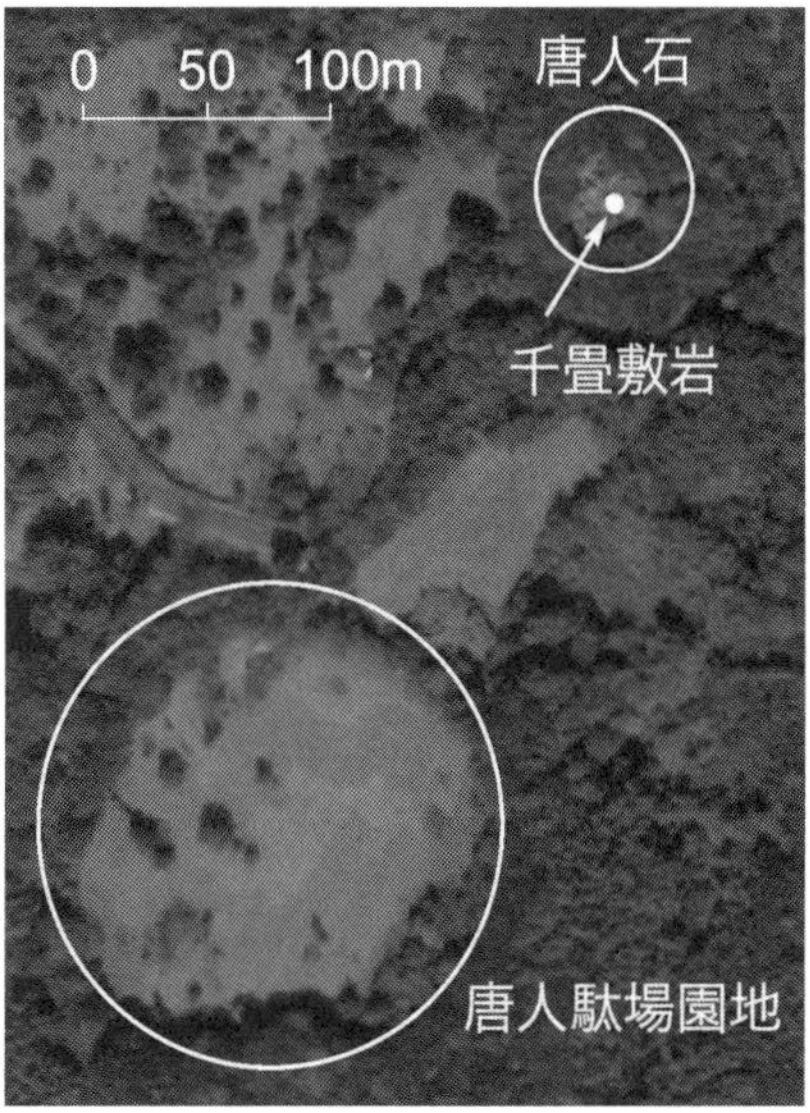

図５　唐人駄場遺跡

私は唐人駄場遺跡（高知県土佐清水市・太古から神聖な祈りが重ねられてきた場所であると知らされている・図５）に、今回の事の報告の祈りに行きました。

しかし、あろうことか、唐人石の千畳敷岩に登るとすぐに１人の女性の様子がおかしくなり、激しく嘔吐してそのまま昏睡状態となってしまったのです。その女性は、この月の初めに手結の辺りで七つの封印を解いていた（Ｐ57）女性です。

手結という地名には、手でする共同作業の意味があると伝わりますが、後になって、何の気なしに手に取った寺田寅彦の本の、たまたま開いた頁に、「手結はアイヌ語の『切れる』意か」と記されていたのを読んだ時には大変驚きました。手結は、相反する両極の意味合いを孕んだ土地だったのです。

ともかく、事は既に彼女でさえ受け止めきれないほどの事態になっていました。やはり今回の事は、神様の御心とは異なる方向に向かっているのではないかと思われました。ぐったりとした女性を前に、ただただ祈るばかりだったのです。

後にこの出来事を今回の事の同行者に話した時、その方は、

「分かる。あの波動だったら、そんな状態になるのも無理はない」

とおっしゃられました。

一九九七年七月二十四日

今回の事の同行者3人と会って語り合い、その中の1人を通じてサナンダから、天の愛は地に降ろされなかったこと、この失敗を通して一人一人が学び、次に生かすことが大切であること、また、もうすぐ降りようとしている鳳凰(ほうおう)には大天使ミカエルが乗っていることなどが告げられました。

その後、4人で祈りと瞑想を重ねました。

途中、1人が月の天地に、1人が太陽の天地になっている様子を感得し、その2人が月天地と日天地なのだと思いました。

全てが終わった後で、「傷が癒やされた」という言葉が浮かんできました。傷とは、地球の

核の濁りと重みです。

これらによって、今回の事は失敗し、地球の核に濁りと重みが組み込まれたこと、その濁りと重みも、今日をもって癒やされたことを理解しました。

私はこの4年前に、一九六〇年当時の失敗の顛末を伝えられました。また、地球の核である湧玉には、決して他のものを混ぜ込んではならないとも教わりました。教わっていたということは、防ぐことができたのかもしれません。しかし、あの時どうしていれば防ぐことができたものか、今も見当がつきません。

なお、この時間帯の高知県は晴天でしたが、実家に帰った妻は激しい雷雨（以後も今回の事に関してたびたび雷が関わる）に遭（あ）っています。

図6　菱形と三角形にのぞく青空

一九九七年七月二十七日

この日、月の天地、太陽の天地になった2人と駅で落ち合うことになっていた私は、道中静かな落ち着きと慈しみに満ちたエネルギーに包まれていました。

また、のっぺりとした曇天の中、雲が菱形と三角形にすっぱりと切り取られて青空がのぞいているのを見ました（図6）。表面的な意識では、まるでお伽話か何かの冗談のような光景に感じられ、見間違いではないかと何度も空を見返します。しかし、別の意識では、菱形は約束の箱、三角形は今日集まる3人を表していると判っているのです。

駅に着いた時、太陽の天地となった方は、

「サナンダさんが近付いてきたと思ったら、あなただった」

とおっしゃいました。

なお、七月二十四日以降、3人は起きている間中、祈り続け、常に3人の魂からの祈りがしぶきと共に白くほとばしっていることを互いに感じていました。この感覚は3人で会うと、より一層強くなりました。

賀茂神社（高知県須崎市・賀茂別雷大神（かもわけいかづちのおおかみ））に向かう道すがら、太陽の天地となった方は、

「数か月前から地球が通りそうなほど大きな門をたびたび霊視していたが、その門が今は鳥居に変化している」

と語られました。

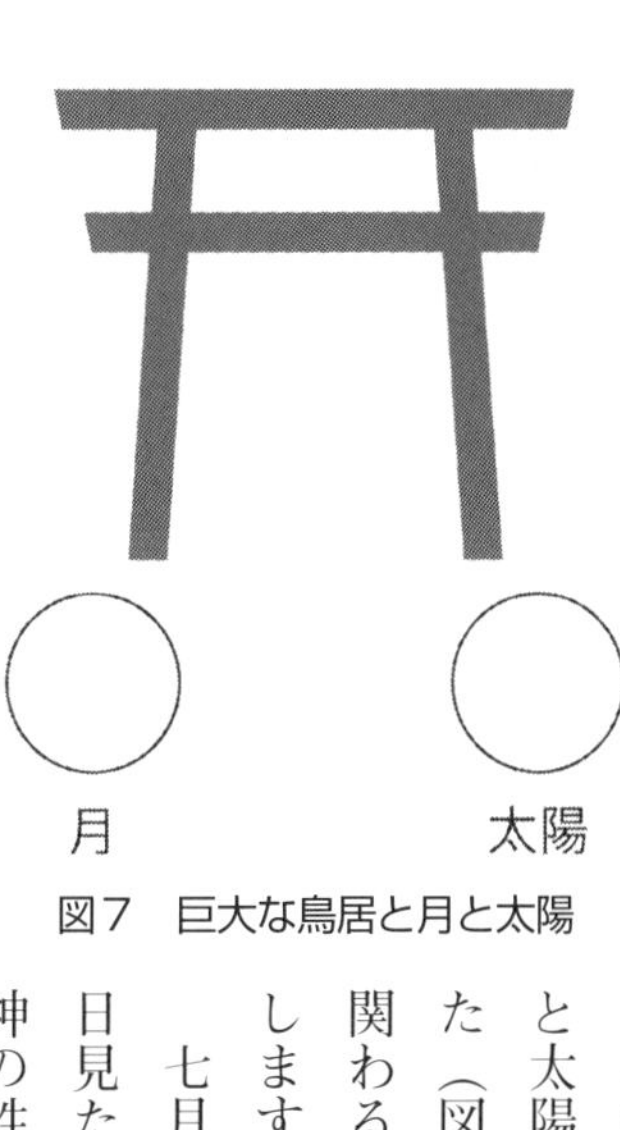

図7　巨大な鳥居と月と太陽

その瞬間、地球が通りそうなほどの巨大な鳥居と月と太陽が、三角形を形成している様子を感じ取りました（図7）。月と太陽は、宇宙の中で最も強く地球と関わる天体です。鳥居に締められている〆縄は雷を表します。

七月二十四日に感得した月の天地と太陽の天地、今日見た三角形の青空、参拝しようとしている神社の祭神の性質と合わせて、その意味するところが私の意識に明らかになりました。今日ここに、雷を伴った鳥居と、日天地、月天地の三要素を伴った3人が揃ったのです。それは、とても3人の心が作り出せるような状況ではありません。

「この局面を打開すべく、古（いにしえ）から計画されたとおりの状況である」

と、確たる思いを自覚しました。

神社では、3人が拝殿で輪になって座り、目を閉じました。

すると、輪の中央、みぞおち辺りの高さに、力強くほとばしるような、また、せつなく恋焦がれるような、球体の白い波動の渦が生じました。

途中、日天地と月天地を前に、巨大な鳥居を地球が音もなくゆっくりとくぐり抜けていくのが感じられました。

私は、永遠の瞬間よりこの時を待っていた
時は満ちた
もう誰にも手出しはできないのだよ

この言葉は、野太く荘重な意識体からもたらされました。「永遠の瞬間」とは、瞬間と瞬間のはざまに永遠があり、永遠と永遠のはざまに瞬間があるという感覚の中での言葉だと思います。人は、このエネルギーを賀茂別雷大神と呼んでいるのだと思いました。

最後の1行を口にした瞬間、真っ黒い怪物が、3人の輪の中にできた球体を握りつぶそうとやってきました。しかし、それは叶いませんでした。怪物は龍体。右眼が赤く、左眼が青い。眉間からは金色の光を放っていましたが、それは今回の事の失敗の要因の象徴でした。

帰宅途中、鳳凰が太陽に舞い降りた形で太陽から光が発せられているのを見ました。日天地の方に、鳳凰が降りられたのであると判りました。

当時は、真っ黒い怪物の出現が何を意味するものなのか分かりませんでした。しかし、後から思えば、その時に必要欠くべからざる要点を示してくれていたのだと思います。

3人の輪の中にできた白い球体は純粋無垢でしたが、だからといって脆くもか細くもありません。握りつぶそうとしても叶わない様子を自ら演じて見せることによって、白い球体は何ものからも侵されようがないことを示しました。

また、白い球体の現出とともに、自らは赤、青、金の光を放ちながら黒い姿で現れました。赤、青、金が失敗の要因の象徴であることは、それらが成功の鍵でもあることです。

そこには、湧玉に関わって事をなすのには、赤、青、金の三位一体に、光と闇の二つを合わせた五つの要素が必要であることが、あらかじめ過不足なく示されていたのです。

なお、普通であればすくみ上がるのではないかと思うほどの迫力ある姿に対して、怪物と表現しましたが、邪悪ではありません。その意識は、鋭い刃の切っ先のように澄み切って濁りなく、とてつもない力を秘めているのです。

一九九七年七月二十九日

朝早くに、高原を散歩していた時のことです。

私はふと、道の脇を流れる川とも言えない小さな流れが気になって、奥を覗き込みました。その光景はありふれたものでしたが、しかし、私は目を見張って、打たれたように動けなくなりました。

右側の破れかけた蜘蛛の巣は、細やかな水滴を美しく連ね、微かに差し込む朝日を受けて、虹の数珠をまとっているかのようです。その巣に絡まった枯れ葉は柔らかく丸まり、繊細な均衡を保ちながら宙に浮かんでいます。左側の灌木（かんぼく）の幹のうねりは絶妙に調律され、緑なす葉はゆったりとしたふくらみを内包して広がります。地面の落ち葉は、一枚一枚が完璧な配色と陰影、配置で重ねられていました。そして背景には、チロチロと流れる水の音。

どの一つも、指一本触れてはならないと思わせるほどに完璧で、うかつに息をすることさえ、ためらわれるのでした。

余韻を残したまま、霧に包まれた森の奥へと歩みを進めます。

残像は重い波動で
あなた方に鉄の扉を降ろそうとしますが
あなた方が愛の実体に中心をおいている限り

残像にはまり込むことはありません
あなた方が歩みを止めない限り
全てはうまく運びます
振り返って立ち止まらないように……
今は全てを脱ぎ去って
与えられるものを、そのまま受け取ってください

残像とは、今までの流れ、また、それを意識する意識。
愛の実体とは、ここでは七月二十七日に生じた球体の白い波動の渦を指していました。

注…図5、10～13、15、24～33はWolfram社の科学技術ソフトウェアMathematicaのGeoGraphics機能を使って作成

湧玉誕生

一九九七年八月一日

そういえば、七月二十七日も含め、数日前から、行く先々でグノーの『アヴェ・マリア』を耳にするようになっていました。ほとんどが有線放送の音楽で、誰かがリクエストしなければかからないのですから、どうしてグノーの『アヴェ・マリア』ばかり耳にするのか、たいそう不思議に感じられました。

私は、後にこのグノーの『アヴェ・マリア』現象を、「湧玉誕生」を証する私にとっての唯一の徴、すなわち「湧玉誕生」の本質を、多くの人が潜在意識で感じ取っていた証左であると考えることとなりました。

七月二十七日と同じ３人で、とある山の頂を訪れました。

飛騨出身の妻と登っている時にすれ違った人から、洪水が引いて日本で最初に山頂が現れたのが飛騨と、この山だという伝説があると教わったことがあり、また、小学校の頃には毎日のように登っていた山でもあります。

山はまさに、神の森になっていました。道を歩くと周囲がクリスタルのような透明感にあふれています。私の意識も変性状態へと導かれ、全てが夢の中のゆっくりと進む出来事のように感じられていました。

例えば、足を一歩踏み出すのにも、次に踏み出すべき場所が、周りに根を張り巡らせた木々や落ち葉、岩や土など周囲の全てから、尊厳をもって譲られます。

私の足は、譲られて静かに白く輝いている場所に自ずと向かい、尊厳をもってその場所を踏みしめる。すると、次の一歩を踏み出すべき場所が新たに白く輝き始める。そんな具合でした。魂が、むき出しになっていたのかもしれません。

途中、

「遠い昔からの約束……」

と言う、ささやきのような微かな声を聴きました。

山頂に着くと、白く光っている場所がありました。ここで瞑想すると良いと感じ、輪になって座りました。

時間の感覚が希薄で、その時には数十分ほどに感じられていたのですが、後から考えてみると、2時間くらい瞑想していたことになります。

３人の魂が、いや、３人の存在そのものと言ったほうが良いでしょうか。それが呼吸に伴ってうねり合い、濃密な恍惚感と共に何ものかが生まれました。
湧玉でした。

その夜に受けた言葉です。

湧玉誕生

湧玉とは核
この惑星の創造の源
濃密な愛が濃密な光をまとい　湧きたっている
湧玉より創造が湧き立ち　顕現する
この惑星の創造のフィルターにして　この惑星の気
生まれ変わった　愛によって創造された湧玉
創造は息づく愛によってなされた
……約束された黄金の伝説

最後の行にある「約束された」は、七月二十七日の雲で示されたことだろうと思いましたが、「黄金の伝説」が分かりませんでした。

後で同行の方に伝えたところ、次のような話をしてくれました。

その方は、以前自分の家族や近所の子供たちと一緒に神峯神社の建つ神峯山を訪れた時に、近所の子供から、

「おばちゃんは黄金の伝説だね」

と言われたことがあったそうなのです。

また、もう1人の同行の方は、この日の帰宅途中、

「今まで、目に見える世界は魂の反映だと思っていたけれど、そうじゃなかった。魂そのものだったんだと思った」

と話してくださいました。

一九九七年八月二日

瞑想中に湧いてきた言葉。

創造の源泉　湧玉
ほとばしる祈り……
宇宙は愛のみによって創造された
各惑星には　その創造の源泉　湧玉が置かれる
ほとばしる祈り……
宇宙の友をぞくぞくさせた湧玉の創造
魂のセクシュアリティーが融け合い　ほとばしって生まれた
何ものも混ざらず　無より愛によって生まれた

少し間を置いて受けた言葉。

あなた方が創造的に動いたがために
創造的な創造がなされました
私たちは　あなた方の自発的で創造的な創造を見守っていました
あなた方の創造が　私たちの生命を触発し
私たちを喜びと興奮にぞくぞくさせました

さらにその後、サナンダから受けた言葉。

この度の事は　今までの殻を脱ぎ去って
天の愛の流れの中に　喜びをもって泳ぎ出すことが必要とされていました
ホップ　ステップといった一続きのものではなく
一つの時代の終わりであり
一つの時代の始まりだったのです
それができなかったために　約束の箱が開けられたのです

これらの言葉を受けるうちに、七月中頃に宇宙人から贈られた画用紙の中の一枚に、

全ては愛から生じている
このことをあなたは近いうちに体験を通して知ることになる

と記されていたことを思い出しました。

一九九七年八月四日

妻の実家へ到着した私は、七月二十四日以来初めて、妻とゆっくり話す時間が取れました。そこで、今回の事について話し始めると、突然激しい雷雨が降り始めました。やはり龍体の黒い怪物が関わっているからなのかと思いました。

瞑想中に受けた言葉。

古い湧玉も　かつて愛によって無より生じ
役割を終えた今
その故郷である無に還る

今回の事で、湧玉に濁りと重みが組み込まれました。そして、古い湧玉は癒やされたうえで、新しい湧玉にその座を譲り、無に還ったのです。

少し間を置いて受けた言葉。

湧玉はその惑星の気となりますゆえ
その創造に関して
その惑星の魂の自主性とオリジナリティーが
最大限　尊重されます

余談ですが、この頃からしばらくの間は、「宇宙には何の不安もない。瞬間、瞬間に完璧な調和が保たれているし、人は完全に満たされた栄光の道を歩んでいる。宇宙とは何と安全な場所だろうか」と思っていました。別れ際に交わす、「気を付けてお帰りください」といった挨拶が、ずいぶんと奇妙なものに感じられていたのです。

一九九七年八月五日
公園で子供たちを遊ばせていると、どこで見つけてきたのか、プラスチック製の赤い玉と青い玉を一つずつ拾ってきました。辺りを探してみましたが、ほかに玉はありません。七月二十七日に賀茂神社で現れた怪物も赤眼と青眼でしたから、あまりにも出来過ぎた話だと思いました。

帰宅後、この事を妻に話し始めると、またもや突然、激しく雷雨が降り始めました。

一九九七年八月十九日

八月二日に受けた言葉の中に、湧玉は「何ものも混ざらず無より愛によって生まれた」とありました。「無」とはどのようなものだろうかと考えている時に、サナンダから受けた言葉の一部です。

あなた方は、地球という枠組みを超えたもっと全体に広がった存在です

無とは

愛が形をとる前の姿です

内奥の世界において、地球にもたらされるエネルギーは、まず湧玉を通過します。湧玉からエネルギーが湧き出すのは、空間という形さえ取らない「無」の世界からもたらされるものが、湧玉の内部で「有」に転じているのです。

通常、湧玉は奥の奥に秘められて、我々の関与は及びません。しかし、天体配置の関係なのか、まれにそれが開かれることがあって、地球に存在する魂たちとの相互作用が起こりうる期間が、ちょうど一九九七年七月二十日から八月一日の13日間だったのです。

また、私は今回の事を通して、魂にもセクシュアリティーが存在することを知りました。人は普通、肉体のセクシュアリティーを通して地上に子供を迎えます。セクシュアリティーの力を用いて、子供の肉体の創造に関わります。

今回の事では、地球の核である湧玉が、魂のセクシュアリティーのうねり合いによって創造されました。陰陽二つの要素でなく、三位一体、三つの要素であることが鍵だったと思います。それは、通常私たちが創造と呼んでいるものとは、全く次元が違うものでした。

辺りを幽玄な空気が支配し、その場は濃密な白いもやに包まれます。やがてそれらが、ゆったりと渦を巻き始めると、時を迎えた種子がその殻を割って小さく清（さや）かな本体を露わにするように、あるいは、深い森の中に突然、艶（なまめ）かしい姿で出現するキノコのようにと言っても良いのですが、自分でも存在にさえ気付いていなかった秘密の神殿から、自分自身がひそやかに開帳され、肉体の呼吸と共に融け合ってうねり合ったのです。

まるで、時間の枠の外の出来事のようでしたが、ふだんの現実よりもはるかにはっきりした臨在感がありました。

呼吸とセクシュアリティーは、息づく宇宙の聖なる生命そのものなのだと思います。

湧玉誕生に関しては、おおむねこのあたりで区切りが続きましたが、その後も学びは続きました。

次に、後々まで私の世界観の形成に影響のあった内容について記します。

一九九七年八月二十一日

唐人駄場は記憶の蘇る場所です
あなた方が集うとき
石とあなた方の骨が共鳴し
記憶が融け広がります
物質は内奥の反映であり
全てが蓄えられています

あなた方の計画は完璧で
起こりうる全てのケースに対応しています
今は今の状況に対する計画が蘇り

起動するのです

このような計画は、魂の次元における変容の極点において、祈りや儀式といった形を取るもので、原初の時空に存在する、神との、自分との、地球との約束事です。それが適切な時を迎えれば、石に刻まれた記憶と骨に刻まれた記憶とが響き合って起動するのです。

経験上、こうした計画が展開するときには、不思議なほど全てが順調に運び、実生活のどこにも無理がいくことはありません。

一九九七年八月二十三日

唐人駄場を見下ろす唐人石の千畳敷岩で、独り静かに腰掛けていました。唐人駄場は地に繋がる場所、唐人石は天に繋がる場所であることが判ります。すると、

「あなたはかつてもこうしていましたよ」

と伝わってきました。

そのまま座っていると、次のような情景が目の前に展開されました。過去の出来事ではあるのですが、思い出したという表現が陳腐に思えるほど生々しく、自分の意識が過去のその時点

にすっぽりと入り込んで再体験してしまったと言えそうです。

夜間、唐人石（図8）で儀式が執り行われています。唐人石の石組みの周りは、かがり火を持った上半身裸の男たちによって囲まれています。かがり火に照らされて闇に浮かび上がる体は、よく日焼けして、うっすらと汗ばんでいます。100人くらいいるでしょうか。男たちの唱和の声も聞こえてきます。バリ島のケチャを思わせます。燃え盛る炎と唱和によって、周りを取り巻く空間は濃密に変性し、男たちが作る輪の内側にいる女性たちの意識も、高揚した変性状態に入り込んでいます。

千畳敷岩の中央には、私と今生でも知っている2人の女性との3人がいました。祈りは3人で三角形を形成して執り行うことにより、初めて叶います。

それは、「これから地球上で起こる進化の型を、銀河系宇宙の星々の進化のひな形とする」祈りでした。

この銀河系宇宙の中心部には、形を取れないほど激しい創造と破壊の渦巻く「創造のるつぼ」とでもいうべき領域が存在し、祈りによって地球の進化の型をその中に放り込むと、そうなるのでした。

図8　夜の唐人石（画像提供：写真作家　桐野伴秋）

この儀式が行われたのは、２千年程度よりは前のことだろうと思います。

しかし、儀式の感覚に照らし合わせてみても、「進化のひな形」としての「地球の進化の型」

の形成は、いまだ途上にあって進行中です。完成していません。
少なくともこの意味において、現在の私たちは、そのあり方が銀河系宇宙の全体に広く影響を及ぼす「運」をもった時空に存在していると言えそうです。

一九九七年八月二十四日
瞑想中に受けた言葉。

石に秘められたもの　血に秘められたもの
あなた方の肉体には　宇宙の深遠なるものが貯蔵されています
これより　そのことを知ることになるでしょう
あなた方の肉体は　鎧ではなく　宇宙の神秘の宝庫です

私たちが、理解のらせん階段を上がるにつれて、内奥の世界と物質の世界との関係性についての理解も進むのだと思います。その真が理解できなかった時には鎧にしかすぎなかったものが、大いなる恩寵であったと、今よりも骨身に染みて実感できる時が来るのでしょう。

あの石が開かれれば
打ち鳴らされるがごとく響きわたるものがあります
あなた方はかつてもそれを用いました……

ふと、記憶が蘇ります。

ムーが終わる前、高位の神官であった私は、自らの能力を高く保ったまま他の高位の神官たちの権力中枢から離れ、北に居を設けていました。自身が地球に対する安全装置として機能するためには、権力中枢からの独立性を保つ必要があったからです。

いくつかの懸命の努力にもかかわらず、中枢を握る者たちの動向は、もはや私の手に負えなくなり、地球の飛躍的進化に失敗して、文明の消失も避けられなくなったことを悟りました。

私は人知れず、１人の女性と共に唐人駄場の中央にある石から地球の核に祈りの楔を打ち込みました。祈りを打ち込むことで、やがて時が訪れたときに地球の進化の運が回復する手掛かりができるのです。

その石は、地球の中心に繋がるもので、現在は横たえられていますが、当時は直立していました。

一九九七年八月二十六日
湧いてきた想い。

この惑星の責任を負うとは　この惑星の心を自らの心とすること
その心に則って　静かに　その用意され　示された場所に
惑星と共に一歩を踏み出すこと

やがて、我々皆がこのような心境に至るのかもしれません。

自分自身の骨をクリスタルと化し
体中の骨を相互に共鳴させ合ってください
自分自身を統合された共鳴体とするのです

人がその崇高な姿を体現するときには、自分自身が統合され、愛に満ちた固有の振動を発しているのだと思います。

一九九七年九月三十日

魂の次元における変容の極点において、祈りにはどんな意味があるのだろうかと考えていた時に受けた言葉。

存在に反応します
何を想い　何を言葉にするかということよりも
存在自体が鍵なのです
鍵は回り　組み直されるでしょう
思い出して
錠前には　ピタリと合う鍵が　用意されています
体中で判るのです
鍵であることが

変容は、顕在意識よりも根源的な、いわば存在自体によって引き起こされるのだそうです。
だからといって、どうすればよいのか理解できたわけではありませんが、自分の意識にある種の諦観が訪れて、逡巡の入り込む余地がなくなったようでした。

思ってもみない言葉

一九九八年三月十五日

散歩していると、空で何かが光りました。ダイヤモンドがきらめくような光です。

さらに、その場所から漢字で「幣立」という文字が浮かんだのです。

高次の意識からの働き掛けだと感じ、私は幣立神宮（熊本県上益城郡山都町・神漏岐命・神漏美命ほか）参拝を決めました。

一九九八年三月二十一日（春分）

幣立神宮に詣でた私は、天御中主大神大聖陵(あめのみなかぬしのおおかみ)の前に立っていました。

すると、思ってもみない言葉が出てきました。

それは、

「スメラミコトのカルマを担わせてください」

という言葉です。

表面的な意識では全く理解できず、いったい何のことだかさっぱり見当がつきませんでしたが、別の意識では、その役割に対して迷いなく静かな決意を抱いているようでした。晴れているにもかかわらず、雷鳴が轟きました。


翌日にも、天御中主大神大聖陵を参拝すると、

「私に入りなさい。私と一つになりなさい」

という言葉を受けました。

澄んだ高揚感と困惑とがない混ぜになった心境で帰宅したのですが、明くる日からもそれらしい展開は全く開けてきません。時が来ればやり遂げるという志は保つものの、来る日も来る日も、手掛かりは何も得られませんでした。

私はそれからも20年の間、数日に一度、少なくとも週に一度は、この日のこの言葉を思い返

していたと思います。しかし、時を経ても、成就した感覚は得られないままでした。実際、その間には何度も、

「自分は役を果たせずに終わったのだろうか。それであれば、せめて代わりに成し遂げてくれた人があればいいが、それさえも判らない。いったい今の自分には、結末がどうなったのかさえ感じることができなくなっているのだろうか」

と考えました。

一九九八年四月六日

夢の中での出来事です。

どこか遠くから、姿は見えないままで何ものかが近付いてきます。それは、虚空の彼方からの微かな響きであって、空間全体が響くのです。

その声は告げました。

歴代天皇には、1体ずつ龍体がついている

次いで場面が変わります。

簡素な神社の境内を見つめています。整然として、余計な物が何一つありません。

ある13文字の祝詞（のりと）の由来を教えられました。

アヒルクサ文字による筆記も見せられます。

広げられた古い巻物に墨書きされた文字が発する響きは雷鳴のように野太く、強い霊力によって周りの空間は意志をもった陽炎（かげろう）のようにゆらゆらとしています。

その祝詞は古より姿を変えず、なおかつ今も脈動するもの。

スメラの響きです。


不思議です。今振り返ってみると、私はこの20年以上後の、天皇についている龍体に関する祈りにおいて、例外なくこの祝詞を用いています。なりゆきに任せていただけなのですが、いつの間にかそうなっていました。夢で、同じ日に見ていたことにも意味があったのでしょう。

後になって気付いたことではありますが、天皇についている龍体と、この祝詞とは、切っても切れない関係にあったのです。

一九九九年十二月二十三日（満月・天皇誕生日）
午後8時頃、月明かりの下、唐人石の千畳敷岩に登りました。スメラミコトのカルマと向き合うことになると思ったのです。

登ると、体は静かで不思議な感覚に満たされ、風は止みました。そうするべきだという体の声を感じたので上半身裸になりましたが、寒くありませんでした。祈り始めると、いつの間にか一九九七年七月二十日に見た黒い鎧姿の者たちが、私の横や後ろで祈りを捧げていました。

彼らはなぜ、かつて十六皇統の御魂の祈りを妨害しなければならなかったのでしょうか。

一九九八～二〇一八年暮れまでは、準備期間でした。

その間も主に夢を通して、高次の意識体からの働き掛けがありました。次節からは、その一部を記します。

創造

二〇〇五年一月三日

夢を見ました。

私は、現在の時点から時空間がうねり合っている領域へと入ります。

その領域では、うねり合った時空間どうしの衝突・融合によって生じる波紋が固有の状態で安定すると、新たな種の生命になるのでした。時空間を構成する種々の渦動（かどう）のうちのいくつかの組み合わせが、固定化するのです。

そして、生じた種の集団は、時空間の過去の時点へ、あたかも最初から存在していたかのように挿入されます。それらは挿入される時空間と親和しますので、一度自然の循環に組み入れられると、まるで最初から存在していたかのように、他と調和した生命活動を実現できるのです。

新たな種の生命は、こうして始まるのかと悟りました。鶏が先か、卵が先かという問題の答えにもなっていると思います。一度、別の領域で完成されたものが、後から丸ごと時空間に挿入されているのです。また、時空間自体がある種の生命であることや、現在から過去を変質させられることも体感しました。

この創造活動には、自分自身が参加していたかのようであり、そばで見守っていたかのようでもありましたが、いずれにせよ、その創造活動を見届けたのです。

後日、時空間どうしの衝突・融合・隆起による意識体の分化は、銀河や神々の意識体の分化とも相通ずることを伝えられました。

暗黒と悪

二〇〇五年頃

ある日の朝方、こんな夢を見ました。

暗い所に独りでいます。地下のようですが灯りは全くなく、音も温度も感じられません。周囲の全ては墨のように黒く、濃淡以外に色が存在しないかのようです。私は、ただひたすら道なりに進み、奥へ奥へと深く下りていきます。一番下には、底の知れぬヘドロでできたようなぬかるみがありました。

ぬかるみには、両生類とも爬虫類ともつかない、ぬらぬらと蠢く巨大な何かがいます。原始的な暗い混沌を体現したそれは、いかにも嫌な血の匂いのしそうな真っ赤な口を大きくガハーッと開け、臓物まで露わにしてのたうち回ります。

あまりの迫力に、私は一瞬息をのみました。

その瞬間、

「**それではまだ駄目です**」

と告げられました。

声とともに門が閉じられるように夢は終わり、目が覚めました。

思考の入る隙もない一瞬に、息をのむことさえ許されない。そのことはよく理解できました。

二〇〇六年十二月七日

夢を見ました。

悪の頭領が目覚めた
悪の頭領
彼が思い浮かべる宇宙観は　そのまま物質化する
彼はゲームマスター
原初　彼の宇宙観に混じりはなく　宇宙の物質的側面もまた　純粋であった
しかし　時とともに　彼の宇宙に対する認識は変化していった
彼は宇宙に　貪欲　怒り　殺戮　恐怖　愚鈍を見た
彼は宇宙のあらゆるものを　目を逸らすことなく見据えた
彼の宇宙に対する認識が　宇宙の物質的側面に反映された

彼には数多くの取り巻きがいた
しかし　彼はある時から心を閉じ　そして誰にも心を開くことがなかった
なぜ宇宙の物質的側面が　このような姿になったのか
当初思い描いた宇宙とかけ離れたその姿を前に　彼はじっと黙考した
そのような長い時間の集積の結果　彼は目覚めた

彼の目覚めを知った存在たちは　彼の目覚めを喜んだ
彼を自分の子供のように見て
「良かったわね。目覚めて」
と口々に言った
まるで　彼の全てを知っているかのように

ある時　彼の思考の一端が知られることになった
彼の心の内の変遷の歴史が　大きなスクリーンに映し出される
目覚めを知った存在たちは　その場に列席した
最初は

「ふむ、ふむ……これくらいなら」
という態度であった
しかし　惑星がシンボルを伴って渦を巻き　運行する様子
その太陽系にも　その太陽系全体としての特質が意図され　エネルギーが付与されたこと
また　シンボルはそのシンボルに独自の独立した知性をもつこと
その思考のあまりの深さ　躍動感　鮮明な創造性　苛烈にして美しいこと
そして　彼の見据えてきた悲惨さ
それによって　彼の宇宙に対する認識が変化していった様子や　彼の葛藤と沈滞
その思考と想像力のスケールの巨大さに圧倒され
居合わせた者たちは声を失ってしまった

「心が神の神殿だ」という言葉で目が覚めた

宇宙の運行自体を一つのゲームと見るような巨大な視点からの、また、この夢で伝えようとしてきた意味合いに限定された視点からの話です。ここでの「物質化する」は「具現化する」と、「物質的側面」は「現象的側面」とほぼ同じ意味です。物質と意識とが分かち難く結びついて境界がはっきりせず、明確には区別できませんでした。

そもそも、宇宙の具現化を司る存在に降りる神の霊感には、対象の取捨選択は存在しませんでした。全てが分け隔てなく具現化されることで、学びの可能性はいささかも狭められることなく存在することが許され、それによって宇宙の果てしない調和もまた保たれたのです。

しかるに、まだ内面が十分に育っていない者たちは、自分がそうあって欲しいと願う真実だけを追い求め、それ以外のものについては、自らの内面の顕れであることを受け入れられませんでした。道具を使って自分のしたことを道具のせいにするのと同じで、内在する闇から目を逸らし、光だけを求めては闇の責任を他の者に、つまるところは宇宙の具現化を司る存在に転嫁してしまったのです。自らの内に潜む闇を見据える強さを放棄することは、自らの創造力を手放すことでもあり、依存や従属、無力感を生みました。

また、宇宙の具現化を司る存在は、闇をも具現化することから、闇を司っているようにも映りました。これは自らの光を追い求めることをあきらめた、いたずらに闇に惹きつけられる者たちを虜にし、期せずして彼らから崇拝されることになりました。

宇宙の具現化を司る存在は、闇から目を逸らした者たちと、光をあきらめた者たちの弱さによって、「悪の頭領」たり得たのです。

私は、このような人間の弱さについて、かつて次のように教わりました。

ほら　よく観じてごらんなさい
宇宙のすみずみまで　その美しい全てを……
眠りから目を覚ますにつれ
はかなげで頼りなげなもの以上に見えなかった
「人間的な」ものが
宇宙の中で
えもいわれぬ玄妙な均衡を保ち
その美しさを一層際立たせていることに
気付くでしょう

個々の魂に、何でもできる力が備わっているということは、眠りこけるという状態も、弱さにおもねるという状態も、作り出せるということです。
私たちが眠りから目を覚まし、弱さを尊重しながらもそれにおもねることはなく、闇を見据える強さと光を求める勇敢さを取り戻した時、その時にこそ、「悪の頭領」であった彼の真の姿が理解されるのだと思います。

人は長所によって物事を押し進め
短所の克服に向けた努力がそれを支えます
しかし、それだけではどうにもならなくなった時
最後にその人を救うのは欠点です

軽々しく口にするのは憚(はばか)られますが、欠点というものに対する謙虚さが必要でしょう。

二〇〇八年二月七日
旅先で飛行機から降りると、皇后さまが幻のようにお出ましになりました。

皇后さまは、

「**私たちはオリオンを通して学んだのです**」

とただ一言おっしゃられ、姿が見えなくなりました。

ここでのオリオンは、オリオン星系からやってきた、人類に苦難をもたらした存在としてのオリオンでした。

宇宙人

二〇〇〇年夏

夢の中で、小型の宇宙船に乗って宇宙人数名が私を訪ねてきました。地球とそれほど深く関わっているようには見えず、好奇心の強さが印象に残る種族です。どうやら地球には非常に長い間隔をおいて、経過観察の目的でやってきたようです。

彼らは、

「宇宙人の魂をもつ者たちの現状はどうなのだ？」

と問うてきます。

地球の進化の一助となるために、異星から転生してきた者たちの状況を問うのです。

地球側を代表しての答えを求められたことに対して、夢の中の私の顕在意識は、

「そんなことを私に訊かれても困るだろう」

と思います。

しかし、私は全てを承知したような態度で構えており、辺りに落ちていた何の変哲もない石やどんぐりを拾って手に取ると、

「水晶のように美しく輝く魂をもつ彼らも、今や完全に地球に同化してしまい、この石やどんぐりのようになってしまいました」

と説明していました。

異星から転生してきた魂は、地球のやり方を尊重しながらも自らの役割に目覚めて、目的を成し遂げるはずだったのです。

しかし、幾度となく繰り返される転生を送るうちに、地球のやり方を尊重することが、いつの間にか、本来の自分を否定することにすり替わってしまいます。

そして、ついには自らの魂の光をすっかり覆い隠すことに成功してしまいました。

輝ける存在となることを自らに許さず、全く深く眠り込んでしまったのです。今や、探索できる意識の周波数帯域はすっかり狭まって、多くの魂が、本来の役割の格納された部屋へと至る回廊をたどることさえ覚つかない状態になっている。

20年前、夢の中の私はこのように認識していました。

二〇一三年五月二十八日

高次の存在からの働き掛けにより、次のような光景が見え始めました。

私は、背丈が2メートル半もあるでしょうか、筋肉質で龍のような体の宇宙人です。

現在の中国の奥地に当たる場所で、仕上げの段階にあるピラミッドを前にして、向かいの丘の上に立っています。

左手には、波動を発する笏(しゃく)とも剣ともつかない何かを持っています。

それは、生体とよく融合しているために、もはや手が長くなったかのような感覚です。使い手の遺伝子によって定義される生体エネルギーを感知して作動します。作動させられる人物が限られているのです。それ自体がエネルギー体でありながら、かつ、持ち主の内的エネルギーをその中に受け入れて増幅します。テクノロジーの産物ではありますが、テクノロジーの領域が霊的エネルギーにまで及んでいるので、現代の感覚では神器と言ったほうが適切かもしれません。

私は、精神を集中統一し、それを高らかに頭上に掲げました。

エネルギーは、見る間にぐんぐん漲って、激しくほとばしりながら臨界を迎えます。意志の力によってピラミッドの頂点へとエネルギーの奔流の道筋をつけると、稲妻のように力強く流れ入り、やがて終わりました。

ピラミッドは完成しました。

「あなたは、黄と緑の光を食糧にしていたのです。
また、これらの光を扱うことに長けていました。
ピラミッドを造ることでこれらの光を地球に固定し、安定して存在させたのです。
そうすることで、地球に緑が繁栄することを可能にしました」

ここでいう光は、現代の人がいう光を超えたもっと別の何かで、気体と液体の中間のような印象を受けました。また、特定の周波数の光を得意にしていたことに驚きを感じました。そんなところにまで細分化された得意分野があるとは、思ってみなかったのです。余談ではありますが、緑に映える黄色の花に惹かれる理由も、理解したように思いました。

このピラミッドは、現在も機能しているとのことでした。

この日の交感はよほど作用が強かったらしく、私はそれから2週間ほど、自宅では風呂と食事以外の時間のほとんどを眠って過ごしました。休日は、17時間も熟睡していたのです。

二〇一三年十月二十六日

夢の中で、アンドロメダ銀河の宇宙人によって、アンドロメダ銀河の図書館に案内されました。

案内された辺りは、全体が半霊半物質である印象を受けました。石造りの壁は、柔らかな光をほのかに発しており、建物の内部は静けさに包まれて荘重、空気の動かない空間には叡智が幾重にも畳み込まれているようです。

そこに収蔵されていたのは、情報を蓄積した板状の物でした。一応、本とします。大きさが大人の掌より少し大きい程度で、ぼんやりとほのかな光、古の時を感じさせる光をまとっています。もしかすると、情報を蓄えているのは別の空間で、本は蓄えられた情報に接続するための物だったのかもしれません。そのあたりは、定かでありません。

本は、私が選んだわけでも意図したわけでもないのに、気が付くと、いつの間にか私の胸の前に浮かんでいました。

本の意識と私の意識とは、互いにゆったりとたなびきながら交叉します。その共鳴点を捉えて意識の照準を合わせると、内容が私の意識の中に流れ込んでくるのです。意識と意識によって直接に知性と接触していましたので、その間は共鳴点を見失わないように保持していました。読書というより、祈りに近いと思います。全てを自分の中に受け入れ終わると、本はどこか元の場所へと戻っていきました。

私は、次々に現れる十数の本と意識を交叉させましたが、本の内容は多次元にわたって存在することが可能な事柄に限られていました。うわべや見せかけ、まやかしには多次元を貫く強さがないために、その図書館に存在できないのです。アンドロメダの図書館は、文字で書かれた記録に目を通す場所ではなく、時を抜き超えた集合意識の記憶に触れるための場所でした。

夢から覚めると、受け入れた知識は意識の奥深くに入り込み、接点を見失った私に取り出すことはできなくなっていました。


その時に得た知識の一部は、二〇一九年以降に思い出されました。

一つは、宇宙人に案内されてシリウスを訪れた夢がきっかけでした。

水晶のような透明な玉がたくさん見える岬に案内されました。

植物の気配はなく、広々として、ほんのり明るい場所です。意識の振動の違いを利用した幾重もの神秘の魔法によって厳重に隠されているため、普通はたどり着くことができません。真っ黒な石ばかりの水辺には、透明な玉が数多く並んでいます。龍の魂の故郷とも言えるその地底湖の周辺は、静謐(せいひつ)をたたえた空間に光の液体としか表現のしようのないものの波動が、隙間なく浸透しています。湖を満たしている液体は、水のようでありながら水晶のように情報を蓄え、明らかに意識をもっていました。

その宇宙人は、「自分の一番好きな場所であり、また、一番哀しい思い出がここにある」と伝えてきました。私には、宇宙人との距離に応じて心情が伝わるものらしく、近付けば涙が流れ、離れれば涙が引きました。

以下は、一九九七年に宇宙人から贈られた画用紙に書かれてあった一つでもあり、夢に現れたイエスの手ほどきによって理解に至った内容です。

シリウスでは、かつて龍の魂が引き裂かれるような出来事が起こり、それまでに確立されていたシリウスの湧玉と湧玉の龍との関係性にも乱れが生じました。シリウスはこの分野において、星々の進化を牽引する立場にあったため、影響は多くの星々に及びました。

解決に向けての働き掛けが有効な領域は、時間の流れに伴って、寄せては返す波のように変化しており、今は影響の及んだ星の一つである地球こそが、まさにその領域なのです。

これは、シリウスの龍たちが地球にやってきた理由の一つです。私は、いつの日かシリウスでこの問題の解消に携わります。

二〇一三年十二月二十三日

私の右上の方に、青白い宇宙人が来ているのを感じました。身長は1メートルほどで、物質的に希薄です。ふと、この存在の本体はここにはなく、意識を投影して存在しているように見せているだけなのだと思いました。意識を極めて高度に発達させた種族のようです。やがて彼の形成する清浄な場から、澄み切った明晰な概念が私へと浸透してきました。

地球の生命体の鼓動は、心臓で白く輝く1粒の金の粒子が、結晶体である地球の核からのパルス波を受信することによって成り立っている。

鼓動は、地球の核が司る。

それは、太陽の金の渦動によって生じる脈動を受信することでもある。

金と金で共鳴するのだ。

この概念に焦点を合わせると、天体の凛とした音霊に満たされて、呼吸まで澄んできます。ところが、言葉に変換しようとすると、途端にチェーンの外れた自転車を漕ぐような難しさを感じます。十分には表現できていないかもしれませんが、地球や太陽といった天体の信号を捉えて増幅したものが心臓の鼓動だというのですから、まさに、太陽と大地に生かされているわけで、何ともありがたいことと思います。

二〇一五年七月七日

夢の中で、自ずと足の向くままに歩いていると宇宙船に吸い上げられました。それというのも、招かれている雰囲気を感じたので、自分の意思で吸い上げられることに同意したのです。少しすると、別の場所からやってきた方も吸い上げられました。それは、理論物理学者の保江邦夫先生でした。

その宇宙船の乗組員には、物理次元における自らの形態を自在に制御できる能力があり、周りの地球人に気付かれないほど、地球人に似せて活動しているそうです。地球人をコントロールしたくてたまらない存在から、地球人を守るために働いているのですが、相手側も高度な技術をもっているために、乗組員は宇宙人であることを見破られ、攻撃されてしまいます。

そのような緊急時に使っている、意識の力を用いて周囲に紛れて追っ手を避ける方法や、テレポーテーションなど、今の私たちには驚くほかない様々な手法を見せてくれました。

保江先生も、身振り手振りを交えて感嘆の声を上げながらご覧になっています。何と純粋で楽しい方だろうかと思いました。

これらの手法は、自分自身の意識を制御し、肉体を構成する分子の振動を変容させることで初めて可能となるのですが、乗組員たちは、制御できる周波数帯域が地球人より格段に広いのです。彼らの説明から判断するに、これは能力というよりも、人生の中で作り上げてきた既成概念の問題であるらしいのです。

探究に終わりはないのだ

一九九八年

子供が飴玉を手に泣いています。個包装された包みが開けられないので、包みごと噛んで食べようとしますが、食べられないのです。

私は開けてあげようとして、一度子供から飴玉を取り上げました。すると、子供は大切な飴玉が手元からなくなって、一層大きな声で泣き始めます。私は包みを開けて飴玉を取り出し、子供にあげました。子供は泣き止んで、おいしそうに飴玉を食べています。その様子をかわいいものだと見遣りながら、それと同時に、人はいつまでもこれと同じなのだろうとも思いました。

大人は、飴玉を食べさせるには一度取り上げる必要があると分かっていますが、子供はそこまで理解が及びません。必要な過程を踏んでいるのか、それとも失敗へ向かっているだけなのか、見極めるのは難しい。それは、どこまで行っても続くように思われました。

二〇〇一年春

夢の中に、巨大な高次の存在が現れました。

冥界の存在でしょうか。計り知れないほどの智慧（ちえ）と洞察を感じさせます。仮に人が生きている時間の物差しを１００年としましょう。その存在の物差しは、常に億年単位の時の流れを照覧しているかのような壮大さを感じさせるのです。

私は、その存在からたくさんの人の人生を見せられ、解説を受けます。

「彼はその後、このように過ごした。しかし、それ以上得るものは何もなかった」

次も、

「その後、こうやって過ごした。しかし、得るものは何もなかった」

全て同じ解説です。何人も、何人も出てきます。千人近くの人生について解説を受けたでしょう。

何かをきっかけに、生まれる前に設定した人生の学びのテーマから徐々に離れ、ただ平穏に過ごしていく人たち。彼らは悪人になってしまうのでもなく、自分の生活を愉しみ、顕在意識では満ち足りた人生を送るのです。しかし、巨大な存在が彼らの人生を総括して解説する言葉

は決まって、

「しかし、得るものは何もなかった」

でした。

魂の学びと人間的な観点による幸せとの兼ね合いを考えたときに、果たして自分は、学びの深さに繋がる幸せを生きているだろうか、それとも学びの深さに繋がる決断に怖れをなして、安穏とした生活を求めていないだろうかと考えさせられました。

二〇〇一年春

夢です。

雅子さまの意を受けて、当時の皇太子殿下が遣いの者を寄越し、私の妻に一冊の本をお渡しになりました。

読んでみると、その本には、雅子さまの魂の戦いとでもいうべき困難な歩みの道程が記されています。それは、想像さえできない極めて困難な道でした。通常は、霊的に覚醒している者たちには正しく理解されているものなのに、雅子さまは、霊的覚者とされる者にさえ全く理解されない道を歩んでいるのです。霊的覚者とされる者たちのそうした意識によって、雅子さまの歩まれる道は、一層困難になります。妻にこの本を渡すのにも様々に危険な障壁があり、綿密な計画を練ったうえで、どうにか成功しています。

明くる日は、皇太子殿下が車でお越しになり、車から降りもせずに二言三言、伝言し、あっという間に去っていかれました。皇太子殿下が夢に出てこられるときは、いつも物静かで澄んだ雰囲気をたたえていらっしゃいます。これほど緊迫した様子は、初めてでした。

この頃、雅子さまの妊娠発表などもありましたが、御子を迎えるにも大変な困難があったことをうかがわせる内容でした。

二〇〇一年十二月一日

正午頃、子供たちを乗せて車を運転していました。

「まだ生まれてないよ」

と言うと、

「お父さんはどうしてそういうことが分かるの?」

と訊きました。

午後3時前、お生まれになったことを感じて庭に出ると、太陽の周りに虹が懸かっています。すると、雅子さまが横たわっている映像が浮かびました。黄色味の強い金色の光が満ちる中、赤ん坊の天使が6、7人、宙に浮かんでいます。午後2時43分、愛子さまがご誕生でした。夕方は子供たちと散歩し、西空には幻日や天使の羽のような薄雲など、実に美しい光景を見ました。子供は、

「生まれたからきれいな夕日になるんだね」

と言いました。

二〇〇八年十二月三十日

「天皇の祈り」という言葉と共に、次のような想念が流れ込んできました。

天皇の祈りは、普通の祈りとは異なっている

神人の祈りには、悪事を鎮める祈りも許される

しかし、天皇の祈りにそれは許されていない

神殿の奥深くで捧げる祈りは静かで深く、何人(なにびと)の意志をも妨げることのない祈りである

例外はないのかとか、これについてはどうなのかなどと訊かれると、私には分かりません。理解したのは、天皇は、地球の全ての存在の弥栄を分け隔てなく祈る存在だということです。

それは、大自然の仕組みに、悪事を働いた人の周りだけ空気がなくなることもなければ、悪事を働いた人にだけ陽が当たらなくなることもないようなものでしょう。

二〇〇九年七月十三日

夢の中のことです。骨董品のような道具が、たくさん並んでいます。

「霊的な道具を選んであなたのものにするように」

と伝わってきました。

欲しいものがあるわけではないし、どの道具がどんなものかも分からないから困ったなと思いましたが、やがて、どこからともなく簡素な土器の壺がやってきて、私の目の前で止まりました。自覚はないものの、止まったことが私の選んだ証だと解釈されました。異存もないので受け入れます。

この壺は、必要な時に必要なものが得られる壺なのだと説明があります。幼い頃に読んだ童話のような話だなと思いました。ただし、必要なものと言っても形なきもので、それが霊的な道具といわれる由縁なのです。

私は子供がそうするように、好奇心に駆られて土器を、ためつすがめつ、眺めました。内部には、虚空が広がっているようです。手を入れてみます。すると、壺の中からぼんやりと光る何ものかが、二つ出てきました。そのものが放つ響きによって周囲の空間は変容し、神聖な気配に支配されます。これらは十種神宝で、四方拝でも使えるものだといいます。
手が自ずと動いて、それらを包み込むように捧げ持つと、胸腺の前方、体から5～10センチメートルくらい離れていますから、ちょうど手を合わせて祈るときの位置に当たりますが、そこに納まりました。そのまま捧げ持っていると、二つの十種神宝は微かな振動を響かせながら体に溶け込んでいき、夢から覚めました。

人の合掌する位置が、幼な子からお年寄りまで同じなのは、この場所が、人という生命体の中で特別な意味をもっているからなのでしょう。
「たなごころにする」という言葉も、現代では「手に入れる」くらいの意味で用いられたりしますが、もともとは、大切なものを頂いて合掌する位置に納め、そこから取り入れて自分のものにするという意味があったのかもしれません。ありがたい話です。

二〇一三年五月十九日
朝、目が覚めた時に、
「他人よりも困難な状況があるのではない。

人がそれぞれの物事に対して感じることのできる深さや広がりは、唯一、その人の内面によって決定づけられる」

ということが、実感を伴って理解できていました。

二〇一四年三月十九日

生活の中での出来事から、地球全体に関わる事にも、身の周りの事にも、難しさには同列のものがあって、スケールの大小で難易が決まるわけではないことが、よく理解されました。

それはちょうど、国の指導者が家庭でうまく立ち回るのが難しいのと同じことです。

二〇一四年十二月十九日

夢を見ました。

江戸時代でしょうか。たくさんの聴衆がいます。

そこには仏教、キリスト教、神道の覚者が1人ずついて、順番に教えを説くことになっています。私から見ると、教えに関して最も深い見識をもっていたのはキリスト教の覚者でした。

しかし、説法会で聴衆から一番の支持を得るのは、いつも彼であるとは限りませんでした。時には、仏教の覚者や神道の覚者が最も高い評価を得ることもあったのです。

私がそれを意外に思うと、
「だから、探求に終わりはないのだ」
と声がして、目が覚めました。

私が高次の意識からもたらされる夢を見たときは、たいてい、私にしか聞こえないたくさんの小鳥たちの鳴き声で目覚めます。この日もそうでした。

しかし、最も深く悟った人の教えよりも、自分より少し進んだ教えが受け入れやすいことなど、私も既に十分認識しているつもりでしたので、どうして今このような夢を見るのか、訳が分からなくなりました。強いて思いつくことと言えば、私が思っていた聴衆への啓発の程度と、実際の受けの良さに食い違いがあったことくらいでしょうか。あるいは、私が十分に理解していると思っていただけで、その理解は浅いものにすぎないことを伝えるための夢だったのかもしれません。腕を組んで朝日に正対し、大きく息を吸い込んでから出勤しました。

その朝、さらに不思議だったのは、通勤中の私の目の前を、1人の小学生が横断歩道で私の目を覗き込みながら踊り、しばらく行くと、また別の小学生がわざわざ私の車に駆け寄って、親しげに私に手を振ったということです。どちらも知らない小学生ですし、もちろん、そんなことは、それまでにもそれから後も、一度もありません。私はいつもと同じ時間にいつもと同じ道を通っただけです。

その朝の私は、いったいどのような状態で、何がどう、ふだんと違っていたのでしょうか。

二〇一七年十二月二十八日

夢の中に、人が一対一で話している場面が様々出てきます。

それぞれの場面で、人がどのような意識で話し、聴いているのか、例えば、本意から話しているのか、本質から目を背けながら話しているのか、あるいは自己防衛の意識に占められて聴いているのかといったことが、全て私に筒抜けになっていました。

場面の数は、１００を超えていたでしょう。

その中の一つの場面で、極めて高度な意識をもった聴き手がいました。その人物に限っては、私は聴き手の意識に完全に入り込むことに成功しました。

入り込んでみると、その聴き手は相手を見ている自分の視座だけでなく、相手の内側から自分を見ている視座も有しており、自分と相手との両者から、同時に物事を眺めていたことが判りました。相手の立場を思いやるも何も、最初から両者の中に同時に存在しているのです。それも、慈しみにあふれた意識でもって……。

私からすると、彼のやり方は話を聴くことでさえ、生きる芸術です。

「これがイエスです」

と声がして、目が覚めました。

これまで、想像さえしなかった意識水準の高さに、こんなにすごい事があるのかと大いに驚きました。イエスが相手の意識に働き掛けると、相手は慈しみに包まれてイエスの意識を自らの内に受け入れていたのです。

この夢の数日後、私は初対面の人の話を聴いていて、話し手の意識の中に入っていきそうな奇妙な感覚を覚えました。ところが、このままでは意識が飛んで通常の会話ができなくなるという警戒心が働き、あっという間にいつもの意識状態に戻ってしまいました。難しいです。感じ取ったとはいえ、実行に移すにはまだまだです。

ハイヤーセルフ

二〇一八年十一月二十二日

標榜していらっしゃる「人の中の仏を描く」という言葉に惹かれて作画を依頼してあった方から、ハイヤーセルフの絵が完成したと連絡をいただきました。作画を通してハイヤーセルフとの関係が変容したようで、私は2日前から、背後を支えられるような感覚が強くなっていました。翌月から、次々と展開していった出来事に対処できたのも、そのおかげだと思っています。

絵には、徐福が描かれていました（図9）。伝えられるところでは、日本に起源をもつ古代イスラエルの失われた10氏族の末裔であるともいわれ、秦の始皇帝から数回にわたって大勢の同行者と共に日本に遣わされ、最後は永住しています。事の真偽を自分の説とするほどの知識はもち合わせていませんが、出雲の伝承によると、日本ではホアカリと名乗ったそうですから、私が天火明命を祭神として祀る尾張戸神社によく通ったのも、何かの縁がありそうです。火明命は、2種の神宝を賜ったとも、十種神宝を賜ったともいわれています。

図9　徐福の絵

「万物は太極より生じ、陰陽の質を重ねもつ
陽極めれば陰となり、陰極まれば陽となる
道（タオ）は始まりであり、始まりは終わりを生む
ゆえに道は終わりでもある
万物は宇宙の調和の下に完全であり、問いを発せば答えが生ず」

と添えてくださいました。

絵を初めて拝見して驚いたのは、人物の背後の二つの山です。見事にピラミッドを思わせる形で、緑に覆われています。私は当然のように、二〇一三年に見た「地球に安定して緑が繁栄することを可能にした中国のピラミッド」を思い起こしました。

二つの山について驚いたのは、これだけではありません。

私はこの数年来、たびたびシリウスの星の獣、ホワイトライオンの両眼から、涙が滝となって地球に降り注いでいる映像を見ていました。

直感の声は、地球の水がシリウス星系からもたらされたことを意味するのだと告げていましたが、論理的な思考は、それをなかなか受け入れられませんでした。

ようやく受け入れられたのは、アフリカのライオンシャーマンには、シリウスは天上の獅子の眼で、水がシリウスを通じて地球にやってきたと理解されていることを知ってからです。

どうやら、星間物質として存在していた氷を、祈りの力で転送したらしいのです。

地球の水の全てだとは思いませんが、それにしても、いったい、神道の祝詞にある「諸神（もろかみ）禊（みそぎ）の大水時（おおみとき）に成（な）り坐（ま）せる神（かみ）」の「大水時」とは、果たしてシリウスから大量の水がもたらされた時で、それは我々の魂を射抜く、あの眼をしたホワイトライオンの涙だったのでしょうか。

変幻自在にして融通無碍。深山幽谷の霧となり、川となり、海となり。我々を魅了してやまない、しかも、この空間に偏在している水とは、シリウスの生きた魔法そのものだったのか。それだったら、水は地球の記憶に繋がるどころか、銀河の記憶にまで繋がる物質じゃないかと。

水だけでなく、祈りや魔法に対する認識までもが改められた出来事でした。

このような経緯で、二つの山から滝が流れ、その下にホワイトライオンと同じくネコ科の白い獣である白虎が描かれていたのを、特別な驚きをもって眺めたのです。

3人の先人

空間には、その場所に独特の意識を活性化する働きや、想念を保持する働きがあります。例えば、問題の解決策はいつもこの辺りを通っているときに思いつくとか、物忘れしたのに元の場所に戻ると思い出したということは、誰しも経験のあることだと思います。この例は同一人物の中で起こります。

しかし、たとえイエスほどの意識水準には達していなくても、その人物がいた場所に足を踏み入れるなど、何かのきっかけで今の自分ではない人物の記憶に入り込むこともあるのではないかと思うわけです。集合意識のその部分に繋がればよいわけですから。

それというのも、私には日本の歴史上に3人、時折、彼らの記憶に入り込んでいるのではないかと思ってしまう人物があるのです。もちろん、想像との区別はつけたうえでの話です。想像は能動的で思考を通しますが、こちらは受動的で思考を通しません。ともあれ、彼ら3人の先人の感覚だと私が感じているものは、本書の内容に有形無形の影響を及ぼしています。

1人目は後鳥羽上皇の息子、土御門（つちみかど）上皇。

承久の乱の後、失意のうちに土佐国に流された上皇が、私も住んでいた所で暮らしていたことを教わり、さらに中学・高校時代にノートの空いた所に、よく「為仁」と書いていたのが上皇の諱(いみな)だったことで、より身近に感じるようになりました。

私には、かつて１か所だけ赴任が嫌でたまらない、それこそ異動が決まった時にはやるせない思いを物にぶつけて腕を折ってしまったほどの赴任先がありました。当時も、私が諭されている不思議な夢を家族が見ていたのですが、その職場が上皇の最初の行在所の斜め隣であったことを知って、あの時はどうしようもなく上皇の悲痛に感応してしまっていたのだなと、それなら無理もない話だったなと思ったことがありました。

上皇は幼くして天皇に即位して神霊の世界に身を投じ、自身はことあるごとに賀茂別雷神社(かもわけいかづち)（京都市・山城国一宮・賀茂別雷大神）などに詣でて人と国との安泰を祈り、僧侶には、空海以来４００年近く絶えていた孔雀明王の修法を復活させるなどして国の安泰を祈らせています。

折に触れて、自身の見た夢について周囲と語り合っており、夢の導きを大変信頼していたことが分かります。

２人目は、徳川家康の息子、徳川秀忠。

保江先生がフォトエッセーに、「お墓の前でどういうわけか涙ぐんでしまったのです」と書いておられたのを機に調べると、偉大な父をもつ秀忠の境遇や性格は、土御門上皇とそっくりでした。墓前に立った時の、下から支えられるような独特の感覚は忘れられません。秀忠の使っていた二条城二の丸御殿の大広間一の間の前では、「なんだ、小さい頃の夢によく出てきた部屋じゃないか」と驚いたものです。

江戸幕府の第二代征夷大将軍となって、家康を慕う家臣たちとの間をどう取り持っていけばよいのか思案に暮れたことや、その時に、最も信頼を寄せていた家臣の土井利勝を思い浮かべて、「彼がいるから大丈夫だ」と大いに勇気づけられたこと、また、家康臨終の際には、「天下のことを片時も忘れず過ごして参ります」と誓ったことなどが、まるでその場にいたかのように伝わってくるのです。

利勝と言えば、常に公を念頭に置いて清明な心で仕事をしていらっしゃった、また、ことあるごとに相談に乗っていただいていた方と2人での食事中、その方の姿に重なって、「土井利勝」という字がぼんやりと見え続けたことがありました。心の中で、「ああ、そうだったのか」とつぶやきましたが、利勝は藩の指南役で、その方は学校経営の指南役。時代を超えて同じ働きをしておられたのかと、箸を動かすのも忘れて思いを馳せました。その方には、きっと土井利勝の人生の影響があるのでしょう。

秀忠は、ときにほとばしる自らの激情に手を焼きながらも、天下のことを最優先し、信義や心の世界に重きを置いた生涯を送っています。

3人目は、寺田寅彦。

私は、小さい頃から意図することなく、ずいぶん寅彦ゆかりの地に足を踏み入れています。寅彦の実家の前を頻繁に自転車で通り、寅彦の遊んだのは私の通った小学校の脇、病気平癒を祈願したのが私のお宮参りの神社で、再発して療養したのが私もよく歩いた母の実家のすぐ、肺結核の妻の姿を船上から見たのは私が釣りに出掛けた所、おまけに墓は私の自宅から300メートルの所にあるといった具合ですから、記録に残っている限り、私にとってそんな人物は寅彦ただ一人だけなのです。

随筆の『どんぐり』や『鸚鵡（おうむ）のイズム』などに感性の同期を感じるだけでなく、『藤棚の陰から』には、「ほんとうに非凡なえらい神様のような人間の目から見たら、事によるとわれわれのあらゆる罪悪がみんなベコニアやカラジウムの斑点のごとく美しく見えるかもしれないという気がする」と書いてあって、実に共感しやすいのです。

夕刻、木々に囲まれた墓前に立った時の感覚は、秀忠の墓前とよく似ていました。それにしても、エネルギーは墓の下からうねり上がるわ、涙は勝手にこぼれてくるわ、たくさんの鳥たちがこれでもかというほどさえずるうえに、上空には宇宙船までやってくる。いったい何事かと思いました。

寅彦の文章からは、寅彦が自身の認識の構築やものの感じ方の移りゆく過程をつぶさに観察し、精神の世界を探究していたことがうかがえます。秀忠と似たのか、癇癪もちの一面もあったようです。

神霊の世界、心の世界、精神の世界を探究したこれら3人は、イエスと並び、時間旅行ができるものなら、ぜひ様子を見届けてみたい人物です。

人は皆、それぞれの輪廻の中で異なる側面から人生を探究し、一人一人がその機微を味わい尽くしてきた存在だと思います。地球に生きている我々の経験の総和は、莫大だということです。

先人とは、たいていの場合、私たちのうちの誰かの過去の姿であって、今、目の前にいる少年は、その前の人生では老成した賢者だったかもしれません。

人が最古と最新を求めるのは、最古には後の全ての元となる純度の高い想いが込められていると考え、最新には時に応じた最適な状態が実現されていると考えるからでしょう。けれども、それとは別に、最古も経過も最新も、その時代のその状況に生きた私たち自身であることも、また確かだと思います。

先人だけを尊び過ぎたり、逆に最新の情報を求めて飛び回ったりということは、どちらも本当の自分を引き裂きかねないし、先人と今の私たち、それから私たちの未来である子孫との間には、そしてもちろん、今生きている自分と他人の間にも、あまり隔たりを置かないほうが良いように思っています。

天皇(すめらみこと)の龍の誕生

甲神社

二〇一八年十二月十七日
夢の中でのことです。
上空から見下ろしている辺りには、田んぼが広がっています。
稲は青々とよく育ち、爽やかな風がゆったりと流れていきます。
杜が見えます。
「甲神社」です。
私は、そこに参拝しようとしていました。

この夢は、久方ぶりに始まる神ごとの始まりを高らかに告げるファンファーレのように感じられました。爽快な感じがしたのです。

現実に存在する神社に間違いないことは判りましたので、実際に行ってみようと考えました。さっそく当てはまる神社がないものか調べ始めましたが、漢字を手掛かりに探しても、読みを手掛かりに探しても、それらしい神社は見当たりませんでした。

二〇一八年十二月二十日

勤務先の高校で、保江先生を講師にお招きした講演会が開催されました。

講演会に来ていた私の知人は、数日前に神主姿の私が講演会の準備をしている明晰夢を見たと知らせてくださいました。講演会は、ある種の神事のようなものでもあったのでしょう。

二〇一八年十二月二十五日

十二月十七日に夢で見た甲神社を、ようやく突き止めます。

それは、伊雑宮（いざわのみや）（三重県志摩市・志摩国一宮・天照坐皇大御神御魂（あまてらしますすめおおみかみのみたま））でした。ウェブ上の画像を見る限り、社叢林（しゃそうりん）と鳥居、それを取り巻く田んぼとの位置関係など、周囲の風景が夢で見たとおりです。また、日本三大御田植祭の一つが行われるほど稲と縁が深いことも、夢とよく符合します。

甲神社という名称との関係はつかめないままでしたが、内奥の声はここで間違いないことを告げていました。

また、本州の神社に行く機会などめったにないので、以前から訪れたいと思っていた籠神社にも参拝するように予定を組みました。

二〇一九年一月五日

夢の中で、伊雑宮・籠神社行きに関わって、ある方の助けがあることを知らされました。それは、保江先生の血縁で年長の男性、どうやらお父様のようです。すると、お父様が出てこられて、

「旅の前半には、うまく運んでいるように感じられない時期もあるが、旅を終えてから全てはうまく運んでいたことが分かるだろう」

と教えてくださいました。

どうやら、伊雑宮と籠神社に詣でて終わりではなく、それに連なる出来事がさらに待ち構えているようです。ただ、ここまでは調和して順調に進んでいたので、「うまく運んでいるよう

に感じられない時期もある」という部分を意外に思ったものでした。

起床後、この日からしばらく没頭した聖地の位置関係についての分析を始めます。

昼食を取ってから画家の熊谷守一を主人公にした映画を見にいきました。30年もの間、ほとんど自宅を出ることなく庭の生命を描き続け、画壇の仙人と呼ばれた人物です。

映画の後は図書館へ。伊雑宮や籠神社に関係する本を探そうとしたのですが、そちらへ向かう途中でなぜか立ち止まり、棚から別の本を取り出します。経験上、このような無意識の行動は、高次の意識からの働き掛けの結果起こることだと理解していますから、その本には俄然興味をもちました。

数学者ラマヌジャンについて書かれた、『数式に憑かれたインドの数学者』（デイヴィッド・レヴィット 日経BP）でした。

彼の研究は、夢の中でナーマギリ女神が示してくれる数の世界を書き留めたものだったという逸話も含め、眺めるだけで満足してしまう美しさをもつ数式の数々と、数に対して自分の全てを開いて向き合う姿勢とに、すっかり魅了されてしまいました。

特に印象的だったのは、「存在の理論」。

「零は絶対的でいかなる属性も付与し得ない。言葉で定義したり説明したりできない存在で、あらゆる属性が欠如している。

無限大はあらゆる属性の総体で、それゆえ無尽蔵。

零と無限大の積は有限数の集合で、どの創造の営みも零と無限大の特定の積であり、そこから特定の個人が現れる。よって、個人はそれぞれその個人の場合の積である特定の有限数によって象徴しうる」

熊谷守一もラマヌジャンも、対象に自分の全てを開いている点が共通しています。

今振り返ると、この日の一連の出来事がこの後欠くことのできない要素であったことも、それが保江先生のお父様の御魂の導きによってもたらされたこともよく判ります。

二〇一九年一月十二日

午前2時に車で自宅を出発し、午前中に伊雑宮に詣でました。夢で見たとおりの場所であったためか、初めて訪れたのにもかかわらず懐かしさが先に立ちました。

式年遷宮（しきねんせんぐう）の新殿地と旧殿地の境界上方には、エネルギーを吹き上げる金色の鳳凰を感じ、一九九七年七月二十七日に太陽に舞い降りた鳳凰のことをちらりと思い出しました。

その後、豊受大神宮（三重県伊勢市・豊受大御神）、皇大神宮（三重県伊勢市・天照大御神）へと向かう車中、スメラミコトの神宝が担がれて、丹後から伊勢へと運ばれている様子が浮かんできました。

古代の様子を感じ取ったようです。

これまで、いかにスメラミコトの御魂が大切にされてきたか、命懸けで守られてきたかということが突然に、まるではるか昔から知っていたことのように理解されました。古代の彼らは命懸けでありながらも喜びに満ちて、明るい心持ちで進んでいたのです。

神宝は、その霊力によってスメラミコトの御魂の働きの恒常性を保ちます。古代の彼らは、神宝を守り抜くことを通じて、スメラミコトの御魂を守り抜きました。

スメラミコトの御魂というのは、魂の型のようなもの。目には見えず、誰か特定の個人のものでもない。それが、こうしてここまで守り抜かれてきたのです。

二〇一九年一月十三日

夜明け前に目が覚めました。海に面したホテルの部屋からは、雲一つない南の空が一面に見渡せます。シリウスやオリオンを心ゆくまで眺め、星の力について考えました。夜明け前の星空を、ここまでゆっくりと眺めたのはずいぶん久しぶりです。

籠神社と眞名井(まない)神社（京都府宮津市・籠神社奥の院・豊受大神）に詣でます。

神社に着く直前に前を走っていた車は、尾張小牧ナンバーでした。籠神社に祀る彦火明命の異名同神と伝わる天火明命は尾張戸神社にも祀られることを思い出し、気が引き締まりました。

神社に着いて、祈祷の受付で、

「御祭神の弥栄で祈祷をお願いします」

と申し込むと、軽い驚きの表情を見せて、

「そのようなものはございません」

とおっしゃられます。困っていると、

「心願成就ということでならお受けできると思います」

と引き受けてくださいました。

祈祷の際に、促されるまま拍手を打つと、神官の方は、はっと何かを理解なさったようなご様子でした。

また、その後で詣でた眞名井神社の古代の磐座には、特別なエネルギーが感じられました。

磐座の周りを人々が舞っている姿が目に浮かぶようでしたから、きっと古代から、そうした営みが連綿と続けられていたのでしょう。

参拝後に天橋立（あまのはしだて）の辺りを歩いていると、西空には雲間から太陽光が見事な扇状に下りており、しばらくの間、我を忘れてじっと見入りました。無事に伊雑宮と籠神社へお参りできたことがありがたく、誰かれ構わずお礼を言いたいくらいの心境でした。

二〇一九年一月十四日（上弦）

夜明け前、ホテルの部屋の窓から龍雲を見ました。龍雲は天橋立の上に浮かび、籠神社の上に、その口先を置いていました。

朝食を取って帰途に就きます。

朝の丹後一帯は深い霧に包まれて、まさに幽玄の世界。

途中、見事な太陽を見ました。太陽の周囲を光の帯が円く取り巻き、その光の帯は左右の対称を保ちながら着物の裾のように優雅に、下方へ広がっています。

古代の人は、きっとこのような太陽を見て、天照大御神に仕える巫女の装束を考えたのだろうと思いました。それは、円鏡を首からみぞおちへと掛け、着物は裾にかけてゆったりと広がった装束です。前方後円墳の形でもあります。

この太陽と、みぞおちの太陽神経叢は人体の太陽であること、前方後円墳で最も強くエネルギーが集まる位置が後円部の中心で、そこに石室のあることには、通底するものを感じます。

太陽神経叢については、人体で最も常磁性の強い部位であること、常磁性が最も高まるのが日の出と日の入りの時間帯であることが知られています。

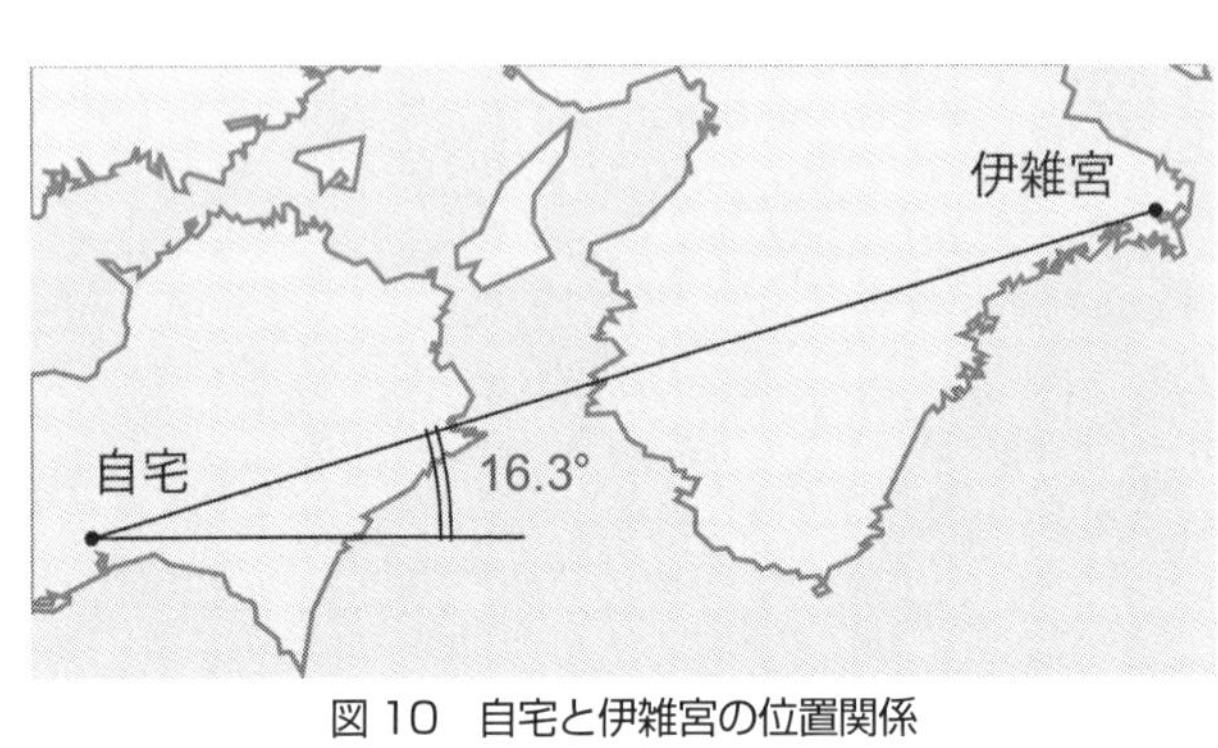

図 10　自宅と伊雑宮の位置関係

二〇一九年二月二十日（満月）

仕事を終えて帰宅中、おもむろに閃きがやってきました。

それは、昨年十二月十七日の夢で見た「甲神社」の「甲」が、名称でなく方位を表していたのではないかということです。この種の直感は外れたことがありませんので、帰宅して計算してみると、案の定、自宅から見た伊雑宮の方位は、東から反時計回りに16・3度（図10）。つまり、甲（東から反時計回りに15・0±7・5度）でした。

「甲神社」とは、「甲にある神社」だったのです。

竹生島の弁財天が呼んでいる

二〇一九年一月十七日

1週間ほど前から、神様が全てをお与えになっているとは、どのようなことかと考えを巡らせていました。

目が見えること、音が聞こえることなどは、盲者(もうしゃ)や聾者(ろうしゃ)にとって強烈な体験です。初めて目が見えたその時、初めて音が聞こえたその時に新たな世界が生まれ、身の周りの全ての物を奇蹟のように見つめ、耳を澄ませます。

私たち地球の者が本来の能力に目覚めれば、盲者が初めて視覚を得たその瞬間のように、世界が新しく生まれるのではないでしょうか。

近代文明の中で生きている私たちは、今やほとんどあきらめてしまっているけれど、本来、人は皆等しく、周りの植物や動物との明晰な共感能力にも、森の精霊のみならず雲や風などの自然現象の背後に潜む意識との交感能力にも心を開き、自然との一体感の下に暮らすようにできているのだと思います。それを再び取り戻した時の喜びは、いかばかりでしょう。

二〇一九年一月二十日

書店で見かけた本の中に、松果体の話が出ていました。数日前から松果体のことについて思いを巡らせていたので、はっとしたのです。

二〇一九年一月二十三日

夢の中でのことです。上空から、夜の真っ黒な湖面を見つめています。

すると、男性の声で、

「竹生島(ちくぶじま)の弁財天が呼んでいる」

と聞こえてきました。

黒龍の気配も感じられました。

目が覚めてから調べると、竹生島(滋賀県)では宝厳寺(ほうごんじ)で大弁財天が祀られていることが分かりました。しかも、創建が江ノ島、宮島と並ぶ日本三大弁財天の中でも最古という由緒あるお寺です。島には、市杵島姫命を祀る都久夫須麻(つくぶすま)神社だけでなく、黒龍堂というお堂もあります。やはりそうなのかと思いました。

また、竹生島は、大きさ300メートルに及ぶ巨大な花崗岩の一つ岩です。受精卵細胞は松果体に納まっていると聞いたこともありますし、日本列島という龍体の子宮である琵琶湖に浮かぶ竹生島は、龍の受精卵かつ龍の松果体の基と言えると理解しました。
この日あたりから、Ｙａｅの『名も知らぬ花のように』という歌をひたすら繰り返して聞くようになりました。それは、竹生島へ向かうまでずっと続きました。
音楽によって、意識が調整されているのだと思います。

二〇一九年一月二十四日
夢の中に、鈴が現れました。天河大辨財天社の物でしょうか。錫（すず）か銀でできているように見えました。

竹生島への旅行は京都泊で予定を立て、気軽な気持ちで朝食の評判が良いホテルを選びました。予約成立後、地図を見て驚いたことには、ホテルは京都御所のすぐ横でした。おまけに、陰陽師として名高い安倍晴明の邸宅跡地に建てられているらしいのです。いかにも縁起が良さそうで、朝食を通してこのような宿に導いてくださるとは、神様は何と粋なことをなさるのかと、大いに愉快な気持ちになりました。おいしい朝食をという私の俗な願いの中に、聖なる導きを忍ばせてくださったのです。もっとも、神様の視点には効果的かどうかという観点があるだけで、聖や俗といった発想はないのかもしれませんが。

なお、この時にはありがたい話だというだけの理解に留まっていましたが、後にこのホテルが御所の横であったことが、いかに意味深長だったのか思い知らされることになります。

その後、祈っていると、正面右上方に黒龍の姿が浮かんできました。赤い左眼をしています。

この龍は、その後も必ず視界の右上方に現れました。

二〇一九年一月二十六日

夢の中で、私は神楽鈴による祓い清めを受けていました。２日前の鈴が神楽鈴に変化していました。

これとは別の日に、夢の中で保江先生から「祓えの極意は祓わないことにあります」と伺ったことがあります。祓えとは本来の姿に戻すことであって、断ち切ることや、亡き者にすることではないという趣旨で、この日の祓い浄めと同様でした。

その後、３日前と同じ黒龍が現れます。勇壮で両眼の赤い龍です。

二〇一九年一月二十七日

とある山の頂で、正面左下に壮麗な白龍の存在を感じました。眼は青く黒い瞳をもちます。

持参したラピスラズリの辺りから出現しました。唐人駄場から、とある山にかけての辺りを居所としているようです。

この龍は、9か月前の昭和天皇誕生日に、同じ場所で地の底深くから地表に向けてうねり上がってきた龍でした。それがこの2か月後の祈りへと繋がっていたことを理解するには、さらに半年の月日を待たねばなりませんでした。この壮麗な白龍は、竹生島の勇壮な黒龍と対を成します。

天智天皇は、竹生島の神威を信じて大津に遷都したと伝えられるそうです。竹生島を訪れるのが、ますます楽しみになりました。

二〇一九年一月三十日

一月五日から調べ始めた聖地や星々の位置関係は、位置情報をGoogle Earthと国立天文台ホームページで取得して計算しました。

聖地の聖域は半径1キロメートルの円に見立てて描画してあります。半径を1キロメートルとしたのは目安にすぎませんが昆虫採集の経験からで、昆虫の棲息密度は半径数百メートルから数キロメートルごとに変わるのです。土地のエネルギーをよく反映した現象だと捉えていますので、その感覚に照らして見立てました。

経路は、等角航路（方位一定の経路）を採りました。測地経路（最短経路）では、地球が丸いために3点のつくる内角の和が180度にならないのが理由です。
最初は、訪れることを決めた竹生島のほか、籠神社、天河大辨財天社、伊雑宮、尾張戸神社を描画しました（図11）。

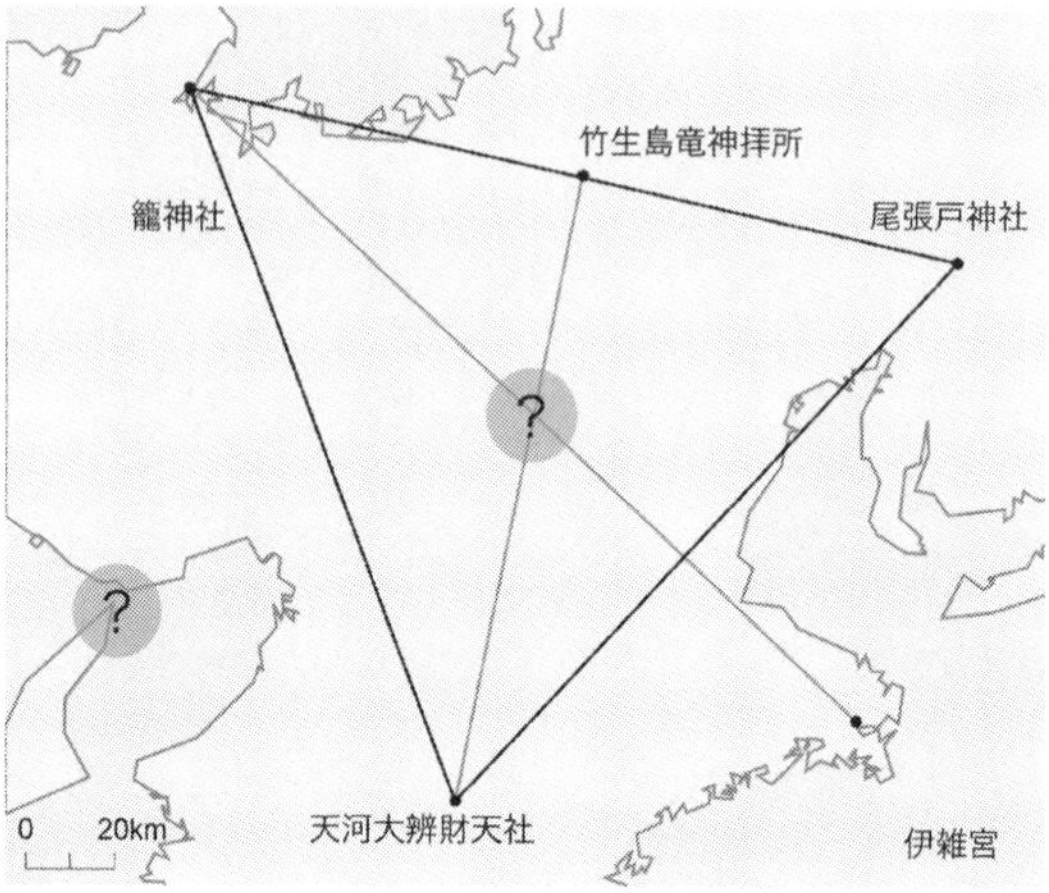

図11　竹生島周辺の聖地5か所

まず、籠神社、竹生島竜神拝所、尾張戸神社が一直線に並んでいるのが分かります。次いで、尾張戸神社―籠神社―天河大辨財天社との対称性を考えると、いかにも聖地が存在していそうな場所が2か所あることに気付き、竜王山（滋賀県栗東市）と石屋（いわや）神社（兵庫県淡路市・国常立尊（くにのとこたちのみこと））に行き当たりました（図12）。

調べてみると、これら7か所の互いに50～200キロメートルほども離れた聖地の配置が特異なことは、当初の私の想像をはるかに超えていました。ノートパソコンの画面に映し出される結果を確認する度、脇の下を冷たい汗が流れたものです。

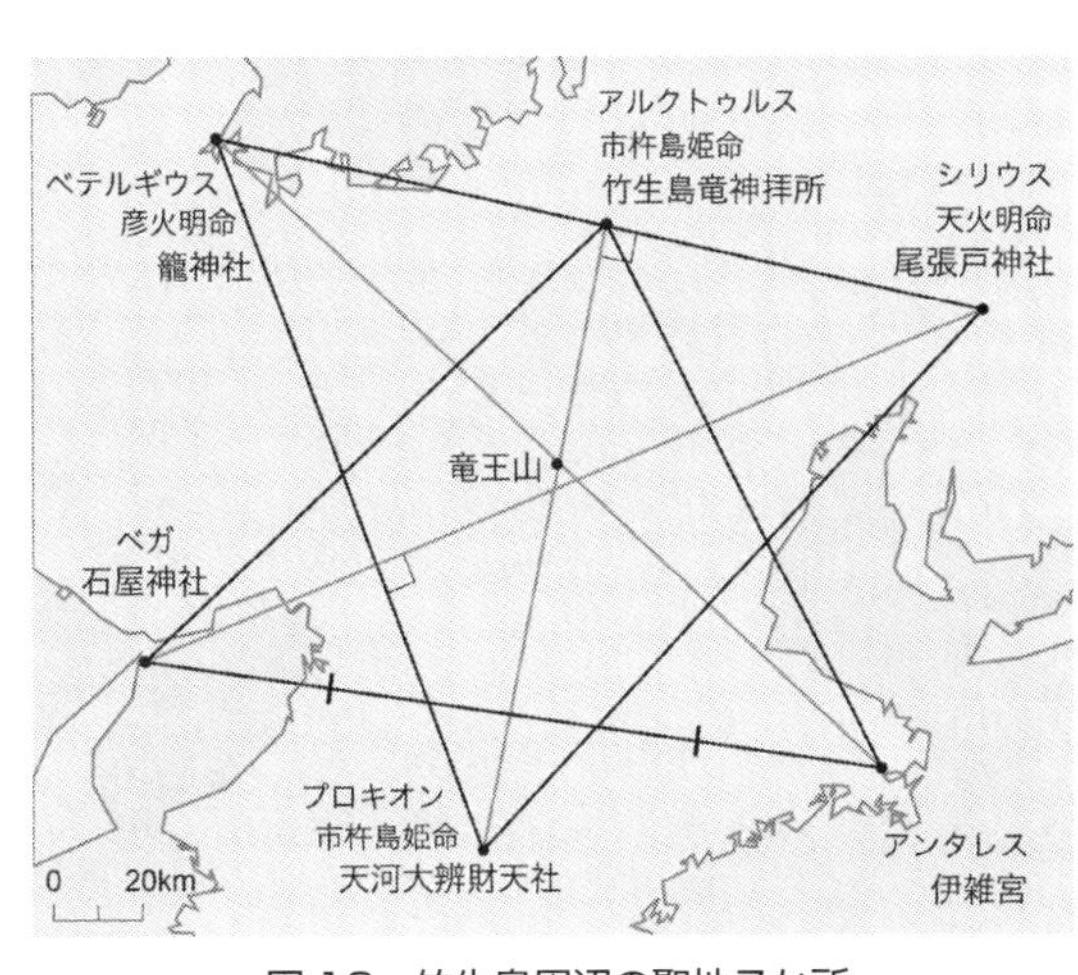

図12　竹生島周辺の聖地7か所

籠神社―尾張戸神社と竹生島竜神拝所―天河大辨財天社は90・4度、籠神社―天河大辨財天社と石屋神社―尾張戸神社は90・5度を成しています。これは、直交している場合と距離換算で0・5キロメートル以内のずれでしかありませんので、直交しているとみなしました。また、籠神社―伊雑宮と竹生島竜神拝所―天河大辨財天社の交点には、竜王山があります。それだけでなく、石屋神社―伊雑宮がつくる線分は、竹生島竜神拝所―天河大辨財天社がつくる線分によって二等分されているのです。

主祭神については、夫婦神である火明命と市杵島姫命は、尾張戸神社―籠神社―天河大辨財天社でつくる三角形を二等分する折り目に当たる竹生島と天河で妻が祀られ、その両側の籠神社と尾張戸神社で夫が祀られるという対称性が認められます。ここで、竹生島の竜神拝所と市杵島姫命を祀る都久夫須麻神社とは50メートルも離れていないことから、同一の場所として扱いました。

さらに、星々の位置関係と比較すると、全天の1等星21個がつくる1330通りの三角形のうち、尾張戸神社―籠神社―天河大辨財天社は「冬の大三角」として知られるシリウス―ベテルギウス―プロキオンと、竹生島竜神拝所―石屋神社―伊雑宮は、アルクトゥルス―ベガ―アンタレスと、それぞれ相似でした。

聖地どうしの配置の妙に驚きながら、今回の旅では、竹生島だけでなく、まだ行ったことのない竜王山と石屋神社も訪れるように計画しました。

ところで、重要な聖地が一直線上に並ぶことはよく知られていますが、私は自分が訪れたことのある聖地に限定して、等角航路と測地経路で並び方の違いを比べてみました。すると、9か所の聖地について、興味深い事実が判明しました(図13)。私は、経路の芸術と呼んでいます。

ア…出雲大社と皇大神宮を等角航路で結ぶと、あるいは、イ…出雲大社と伊雑宮を測地経路で結ぶと、極楽山浄土寺を通ります。

唐人駄場遺跡と富士山を結ぶと、ウ…等角航路では皇大神宮を、エ…測地経路では豊受大神宮を通ります。

オ…唐人駄場遺跡と伊雑宮を等角航路で結ぶと、あるいは、カ…唐人駄場遺跡と玉置(たまき)神社を測地経路で結ぶと、御厨人窟(みくろど)を通ります。

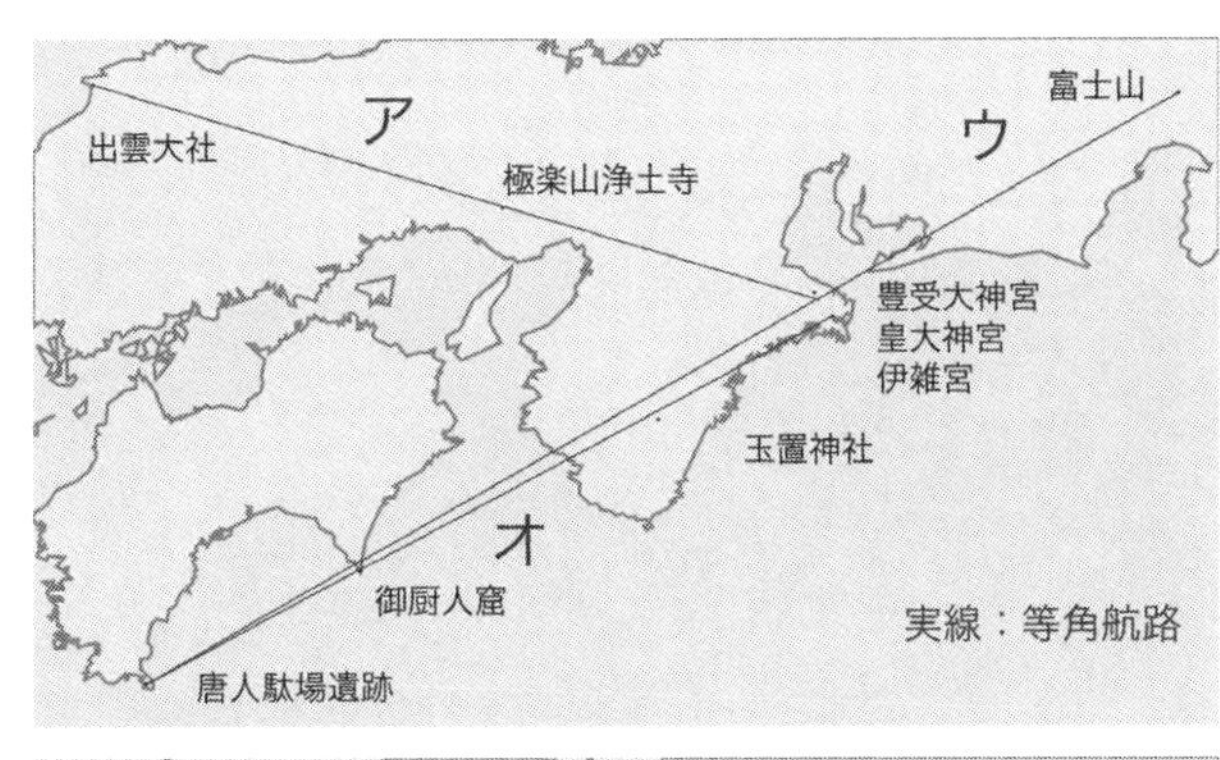

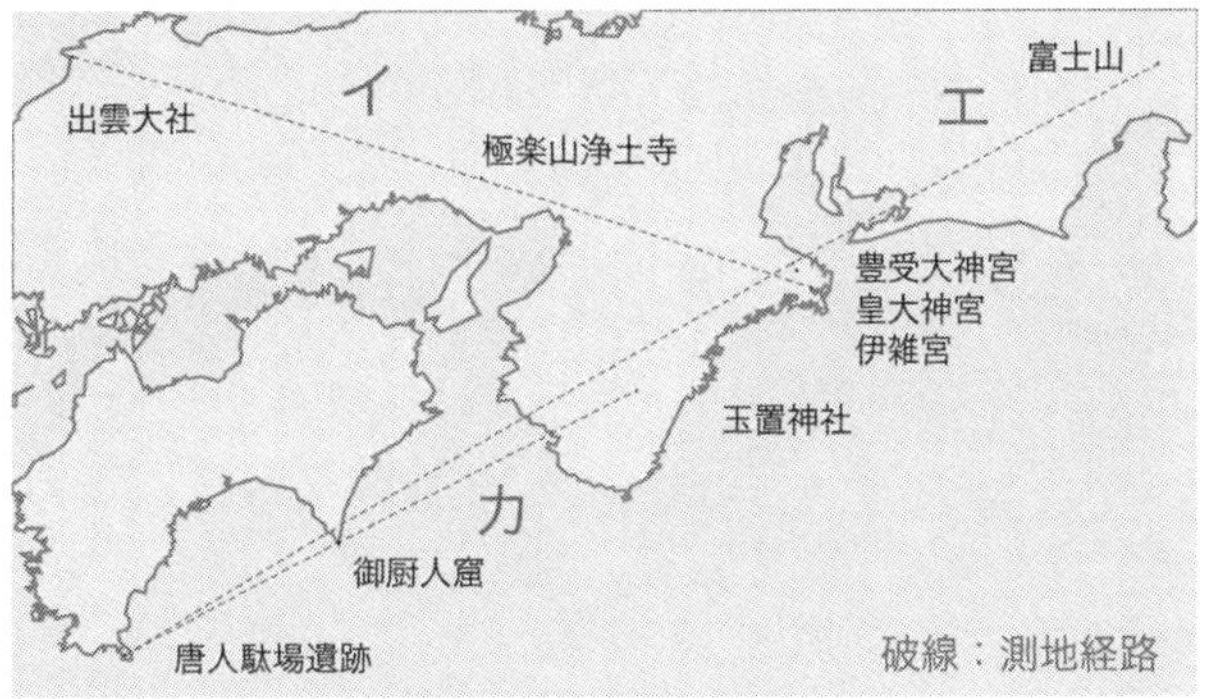

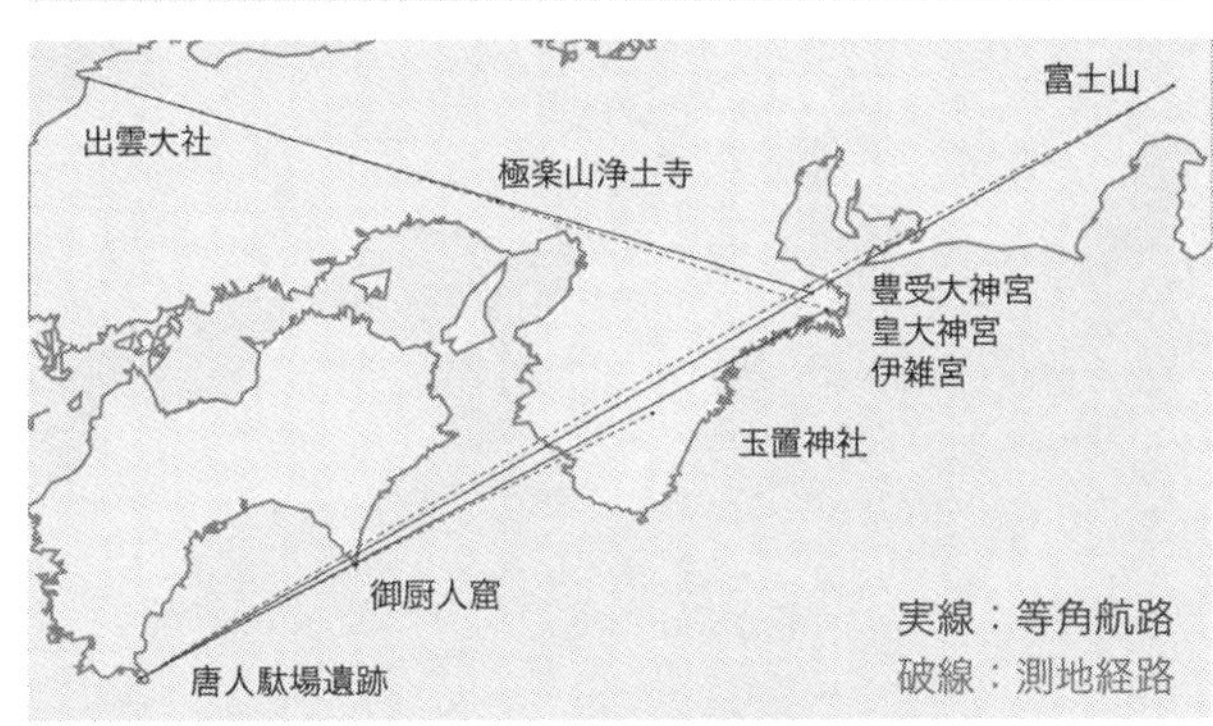

図13　9か所の聖地と等角航路・測地経路

こうしてみると、等角航路にも測地経路にも、それぞれ意味がありそうです。

ただ、国内七十数か所の聖地を分析した範囲では、聖地の位置関係は等角航路で結ばれるのが基本で、測地経路は補助的でした。

二〇一九年一月三十一日

夢を見ました。大変のどかな雰囲気のする宇宙船に乗っています。保江先生もいらっしゃいます。

岬の突端に着きました。地下へと続く洞窟の内部は素晴らしい鍾乳洞となっており、石筍(せきじゅん)の造りはこれまでに見たことのあるどれよりも細かくて、まるで精緻な象牙の彫り物のようです。石筍の細かい造りには、今は忘れ去られた太古の龍たちの思念が長い時間をかけて反映されていました。洞窟の奥、地下深くは、かつて神聖な龍の宮居だったのです。

誰にも知られぬ場所で、誰にも知られぬうちに形成されているのだと思いました。

場面が変わると、黒い昇り龍を背中に彫った極道の女性が、上半身裸で横坐りして背中を向けていました。極道でないと守り継げなかった何かがあります。それは、龍に関する秘められた奥義の何かでした。

この日の夕方、帰宅中に見た黒い龍雲は低く垂れ込め、先端が、らせんを描いていました。ものすごいエネルギーのうねりを感じる雲でした。

二〇一九年二月二日

午前2時に車で自宅を出発し、湖畔からはフェリーで竹生島に渡ります。宝厳寺と都久夫須麻神社に参拝してから竜神拝所に向かいました。そこでは、「かわらけ投げ」ができるのですが、同行者は土器（かわらけ）に「平安」と書いて投げたそうです。

拝所は、湧き立つ波動が風のように伝わってくる場所で、そのために私は少し船酔いのような状態になりました。拝所中央の御幣（ごへい）の前に立てたらなとは思うのですが、人が多くて立てません。いつまでも空かないので次に行きかけたところ、御幣の前の玉は何色だったかが急に気になり、再度拝所に戻りました。すると、先ほどまでたくさんいた人が誰もいなくなっています。今度は気兼ねなく、御幣の正面に立ちました。

目を閉じると、正面やや左寄りから非常に強い波動が掛かってきました。そして、左下に壮麗な白龍、右上に勇壮な黒龍が現れ、真正面では、まるで産卵期の鯉のようにたくさんの黒龍が玉を成してうねり合っています。

そのまましばらく立っていると、10日前の夢と同じ声で、

「**成し遂げられた**」

と告げられました。それは、宣言であると同時に労いの言葉でもあるようで、いきなりバーッ

と涙が出ました。

順路に従って黒龍堂に立ち寄り、祠の前で手を合わせると、円状にゆったりととぐろを巻いた先ほどの白龍が真正面を向いて現れました。内側から、柔らかく滲み出るような真珠色の光を放っています。こんな美しい龍は見たことがありません。とある山で現れた6日前も何と壮麗な龍なのかと感嘆しましたが、今や、その時とは別格の美しさになっています。壮麗な白龍は、ついにそのベールを脱いだのです。

竹生島を出港の際、上空から拝所横の高木のてっぺんに猛禽類が舞い降りました。徴です。これに加えて、次々に湖面から太陽に向かって昇る黒龍の様子を感じ取ったことで、やっと、本当に私にもできたんだなという実感が湧いてきました。

帰港後は、陸路を移動して竜王山に登りました。唐人駄場周辺と同様の、花崗岩の磐座がたくさんある素晴らしい場所でした。

二〇一九年二月三日（節分）

この日は、賀茂御祖神社（京都市・山城国一宮・玉依媛命ほか）と晴明神社（京都市・安倍晴明御霊神）を参拝し、節分祭も見物しました。

図 14　立春の京都御所越しに現れた龍雲

二〇一九年二月四日（立春）

朝方、東の空が色付きます。ホテルの部屋から見える朝日は大変力強く、初夏を思わせるほどです。しばらく眺めていると、長大な龍雲が、如意ヶ嶽の上に頭を置いて、京都御所越しに姿を現しました（図14）。たいそう大きな雲でしたから、大勢の方が目撃していることと思います。

今でこそ、この龍が、2か月後に誕生する天皇（すめらみこと）の龍を示したものだったのだと分かりますが、この時には皇室に関係する龍であること以外は分からなかったのです。

その後、シャワーを浴びている時に、「今日なら賀茂別雷神社に参拝できるではないか」と気付きました。途端に背筋もしゃんと伸び、これぞ思し召しとばかりに、高揚した気持ちで神社に向かいます。

神社では、それぞれの社で次々と強い波動が掛かってきました。それは、参拝後も1時間近くにわたって続きました。こんなことは、記憶する限り初めてです。

帰宅途中の高速道路では、光が数珠のように連なった霧雨が柔らかく下りてくる中、山際にくっきりと架かる虹を、わずか数分の間に4本見ました。天の徴です。

淡路島では石屋神社にも参拝し、無事に帰宅しました。

なお、この日は全国的に南の暖気が流れ込んで暖かく、日本中の気温が平年よりも6~8℃ほども高くなりました。ホツマ（ヲシテ）文字で書かれた『ワカウタのアヤ』という書物に、「やをよろの　おえて　ことほき　さつけます」という一節がありますが、私にとっては、まさに様々の事を終えた後で、天候を司る龍神によって、寿ぎが授けられた（南の暖かさが付けられた意）一日となったのでした。

二〇一九年二月五日（新月）

通勤途中、朝日は光の筋を地上へと扇状に降ろしながら神々しく輝いていました。この時、東の空に黒い龍雲が見えたのです。

したがって、先月から、天橋立の白龍、帰宅途中の黒龍、京都御所越しの白龍、そして今朝の黒龍と四つの龍雲を見たことになります。それは、前日に見た低い虹が4本だったことと符合するようでした。

これによって、事の完遂を確信したのです。

こうした事は、自然の理に通じているために、たいていは日暈などの虹の類、著しい太陽の光の変化、龍や鳳凰、有翼の霊獣を象(かたど)った雲など、自然現象の徴によって証されます。当日か翌日、まれに数日後で、宇宙船を見てそれと知る場合もあります。

それから後になって、あれにはあんな意味があったとか、こんな意味があったとか、理解を深める事柄が少しずつもたらされるのです。

核心は瞬時に悟り、理解は長い時間をかけてゆっくりと進むのが特徴です。

闇を知らぬ者に光を生むことはできない

二〇一九年二月十五日

目が覚めた時に、三月九、十日に広島の宮島に行くことになったと思いました。高次の意識からの示唆を受け取った感覚がありました。

二〇一九年二月二十日（満月）

夜、とある山の頂を訪れました。宇宙船も、かなりの数が飛んでいたと思います。満月の脇の彩雲も、その横に少しずつ大きさを変えながら連なった笠雲も美しく、カメラを持っていなかったことを残念に思いました。白龍と有翼の霊獣の存在を感じました。

二〇一九年三月一日

夢の中の話です。私は暗く狭い部屋の片隅で、独りコンピュータに向かってプログラムを書いています。地中にあるその部屋の存在は、誰も気に留めない場所にあることで隠されています。コンピュータのシステムは堅牢で、精神に感応して生成されるプログラムは、深層と表層の2層に分かれています。

深層の領域では、意識のうねりに伴って、砂浜に打ち寄せる波の泡ほどの数のアラビア数字が、波の泡が生じるほどの速さで入力され、それらが波の数ほども重ねられます。ものすごい量です。

表層の領域では、見たことのない表意文字で一文字一文字を刻むように、時には文字の順番を入れ替えながら作り込んでいきます。文節が定まる度に、ブーンとか、シューン、カリッ、クリッと音がして、プログラム全体が重層的になりました。

私が書いていたのは、「龍の受胎期を定めるプログラム」でした。

その時になれば、あちこちでたくさんの龍たちが、産卵期の鯉のようにうねり合うのです。ひたすらプログラムを書き進め、最後に、プログラムの発動時間を三月○○日の16時と設定していました。不思議なことに、○○の部分だけは霞んで読めませんでした。

目が覚めると、この数日の間、夢の中でずっと龍の受胎期を定める作業をしていたことを思い出しました。しかも、私がこの1週間ほど、聖地が一直線上に三つ以上並ぶ確率を見積もろうとしていたことと連動しているのが判るのです。

一見奇妙に感じられるのですが、私の顕在意識が数学に没頭すると、高次の世界において龍の受胎期を定めることのできる意識状態が作り上げられる、そういう仕組みになっていました。

深層の領域が膨大な量の数字で表現されていることは、大変示唆的です。深層の意識のうねりが、数の連なりで表現されているわけですから。

二〇一九年三月二日

壮麗な白龍が、唐人駄場の辺りまでを居所にしていたことから、唐人駄場とその周辺の聖地へ竹生島行きの報告の祈りを捧げに行きました。白皇山（高知県土佐清水市）の磐座の上に水晶玉を置いたところ、水晶玉が透明な焔に包まれたかのように、めらめらと湧き立ったのが印象的でした。

帰宅中は、黒龍がのたうっているのを感じました。生き生きした生命力にあふれてはいるものの、竹生島での時とは違って、むずかっているようにも見えました。このようなことは普通にはありませんので、何かのずれが生じているのかなと、ちらと考えました。

二〇一九年三月四日

通勤中の空は、龍の気配に満ちていました。

「何か喜ばしい事があったのではないだろうか。そうでなければ、こんな空になるとは思えない」

と思いました。私自身も、一昨日は龍に関わる場所に行っていたことを思い出しました。

二〇一九年三月六日

夢を見ました。

10人余りの人が集まっています。私は、最後に到着したのです。彼らは、淡路島のレイラインの束を統合しようとしていました。

ほんのり金色を帯びたレイラインの束は、私の顕在意識が気付いていないものも含めて多数に上ります。80～100本ほどもあるように見えます。一度に1人ずつ、皆が取り組むのですが、うまくいきません。最後に私の番が来たので、レイラインの磁気的な束をザッザッと揺すりながら作業を進めたところ、難なく完成してしまいました。

目が覚めると、はっきりと理解できていたことがありました。

それは、淡路島のレイラインの統合は、龍の受胎期を定めるプログラムに欠かすことのできない大切な鍵であり、プログラム発動までに完成させなければならないということです。

また、この日、発熱を伴う体調不良のため、三月九、十日での宮島行きをキャンセルしました。

二〇一九年三月七日（新月）

徳島の知人から、「あなたのことをお話しでしたので、保江先生の講演の内容をお知らせします」と連絡をいただきました。

体調があまりに悪く、仕事を早退して病院に向かっている途中のことです。午後2時頃からしばらくの間、東の空のごく低い所に鮮やかな虹が架かりました。講演内容をお知らせいただくことの徴だと思いました。その後、インフルエンザ罹患が発覚しました。

二〇一九年三月十日

夢です。

海に面した歩道から、眼下の海原を見下ろしています。小さな島が浮かんでいます。歩道には柵があり、標高は４００メートルくらいのようです。この場所を訪れることになると感じました。おそらく宮島です。

この場の磁場調整が行われると、そこに連なる聖地も、それぞれ活性化されます。この何でもない場所が、淡路島のレイライン統合の仕上げの場所なのだと判ります。

ただし、場所はかろうじて宮島のどこかに違いないと判る程度で、風景以外は何の手掛かりもありません。果たしてたどり着けるのだろうかという考えが一瞬頭をもたげたものの、なりゆきに任せることにしました。

二〇一九年三月十一日

相変わらず熱は下がらず、寝込んだままです。夢の中では啓示を受け続けていたので、流れが切れてはいないことは認識しながらも、現実には実行したいと思っている宮島行きもキャンセル以降は見通しが立たず、八方塞がりでした。

困り果てて保江先生に電話で連絡を取り、東京は白金の龍穴を訪ねたい旨をお伝えしました。龍で困っているのだから、龍穴で何とかならないかと考えたことと、2か月前に先生のお父様の御魂の助けがあると知らされていたこと、そして、なぜか徳島の知人が連絡を取ることを熱心に勧めてくれたことが理由でした。

すると、電話を切ってから間もなく、次のような光景が浮かんできました。

龍の神殿、すなわち龍宮で、今まで動かず、自らの体を石化させて完全な休眠状態にあった真珠色の龍たちが、海底洞窟の壁から体を少し緩ませ始めたのです。

真珠色の龍たちは、レムリアの龍でした。レムリアの栄光の時代にさえ、存在をほとんど知られることのなかった、帝に関わる崇高で秘匿されてきた龍です。シリウスから地球に来た彼らは、レムリアが沈む前に何らかの理由で自らを海底洞窟に封印していたのです。

白金の龍穴を訪ねることが、龍たちの目覚めと関わるようでした。これらの龍は、その後も必ず視界の右下に現れました。

二〇一九年三月十二日

夢を見ています。保江先生の顕在意識は、慈しみあふれる状態でした。

すると、場面が変わります。たくさんの人の顕在意識の状態が、細部までつまびらかにされています。普通の人は、自分の意識カプセル集合体の中の、怒りや妬み、嫉（そね）みなどの意識カプセルをそれほど頻繁には使いません。しかし、使わない時もそのまま放置してあるため、一旦怒りなどの気持ちが起きると、すぐにそれらの意識カプセルが活性化し、そうした感情が膨れ上がってしまいます。保江先生は、放置せずに手持ちの小槌でカプセルを小突き、カプセル自体を消滅させてありました。否定的な意識カプセルは、それと対になる肯定的意識カプセルと一緒に叩くと消滅するのでした。

場面変わって、私は幼い2人の甥が否定的意識カプセルを小槌で消滅させるのを手伝い、上手に消せたことを労いながら、彼らにその意識カプセル集合体をプレゼントしようとしていました。ところが、いざ渡そうとすると、渡すはずの甥が、ドクタードルフィン松久正先生に変わっていました。

目覚めると、海底神殿の龍たちは、昨日よりも一層壁面から体を離していました。また、熱に浮かされていたせいなのか、はたまた意識が明敏になっていたせいなのか、これまで地球の自然を痛めつけてきたことに対して深い胸の痛みを感じ、しばらく涙が止まらなくなりました。

この日の昼過ぎに、はたと悟りました。それは、私が他人の言動に腹を立てていたことが理由で意識の振動が上がらず、インフルエンザにも罹患して、当初予定していた宮島行きが流れてしまったということです。三月二日に黒龍がむずかっていた理由も、これだと思いました。気付いた私は、自分の不甲斐なさにガックリと打ちひしがれましたが、高熱のため、ほどなく眠りに引き込まれていました。

その午睡の中でも、夢を見ます。

2人の子供と一緒に、象牙色の部材を組み合わせた装置を完成させました。部材は、一月三十一日の夢で見た石筍からできています。石筍のある鍾乳洞は、真珠色の龍たちの海底神殿に繋がっているのでした。

しかし、そのままでは装置は動きません。装置を動かすのは先生にとっては難しくないのですが、起動すると、保江先生が現れます。独特の鋭い目付きで装置に向かった先生から「今!」とか、「そこ!」と指の担当は私です。部品の意識を揃えることに成功すると、動き始めました。

もう一度練習しようとすると、瞬く間に夢が終わり、目が覚めました。

真珠色の龍たちの働きの鍵を握っているにもかかわらず、練習は一度きりしか許されなかったのです。

「たった1回か……」

覚悟を求められるような厳しさを感じました。

今振り返ると、一月五日に伝えられていた、「旅の前半にはうまく運んでいるように感じられない時期もあるが、旅を終えてから全てはうまく運んでいたことが分かるだろう」とは、まさにこの頃のことを指していたのだと思います。宮島に行ったのが夢の中であったため、自分が二月十五日に示唆された要件を満たしていたことに全く気付いていませんでした。しかし、もし気付いていれば、ここまで自分の内面を省みることもなかったでしょう。おそらく、内省的になる時間を持つことと、三月十日に宮島に行くことの両方が必要で、そのために最も適したやり方で事が運んでいたのだと思います。

二〇一九年三月十四日（上弦）
ようやく仕事に復帰します。
白金の龍穴を、訪問する日取りも決まりました。

この頃、保江先生は、晴明神社を訪れている間だけ、何本もの龍雲を見るという不思議な体験をしていらっしゃいます。海底神殿の龍たちとの関連を思わせる出来事です。

二〇一九年三月十六日

目を閉じて静かにしていると、次のような光景が浮かんできました。

龍の宮居、海底神殿で真珠色の龍たちが咆哮（ほうこう）しています。6体に見えます。時を告げる龍たちは目覚め、真珠色だった鱗（うろこ）にもエネルギーが漲って、ある龍は金色がかり、ある龍は赤色がかっています。ちょうど、シャンパンゴールドやピンクゴールドの色合いです。

目を開けると、浮かんでいた光景どおりの龍の形をした彩雲が、西空に輝いていました。写真を撮ろうとすると、すぐに形が変わってしまいました。

二〇一九年三月十八日

細部が明確には思い出せないものの、この頃は連日のようにあちこちを訪れて淡路島のレイラインのエネルギー調整をする夢を見ていました。寝ている間も別の意識と別の体とで休むことなく取り組んでいました。働きの大部分は、肉体なしで果たすことができるのですが、最後の仕上げには、三月十日に夢で見た場所に肉体でもって立つことが必要だと理解できるのです。

この頃に、夢の中で訪れていた場所のうちの3か所は、後で実際に訪れたときに、どこであったのかが分かりました。

一つ目は、石上布都魂神社（いそのかみふつみたま）（岡山県赤磐市・備前国一宮・素盞鳴尊（すさのおのみこと）・図15）本宮の磐座で、

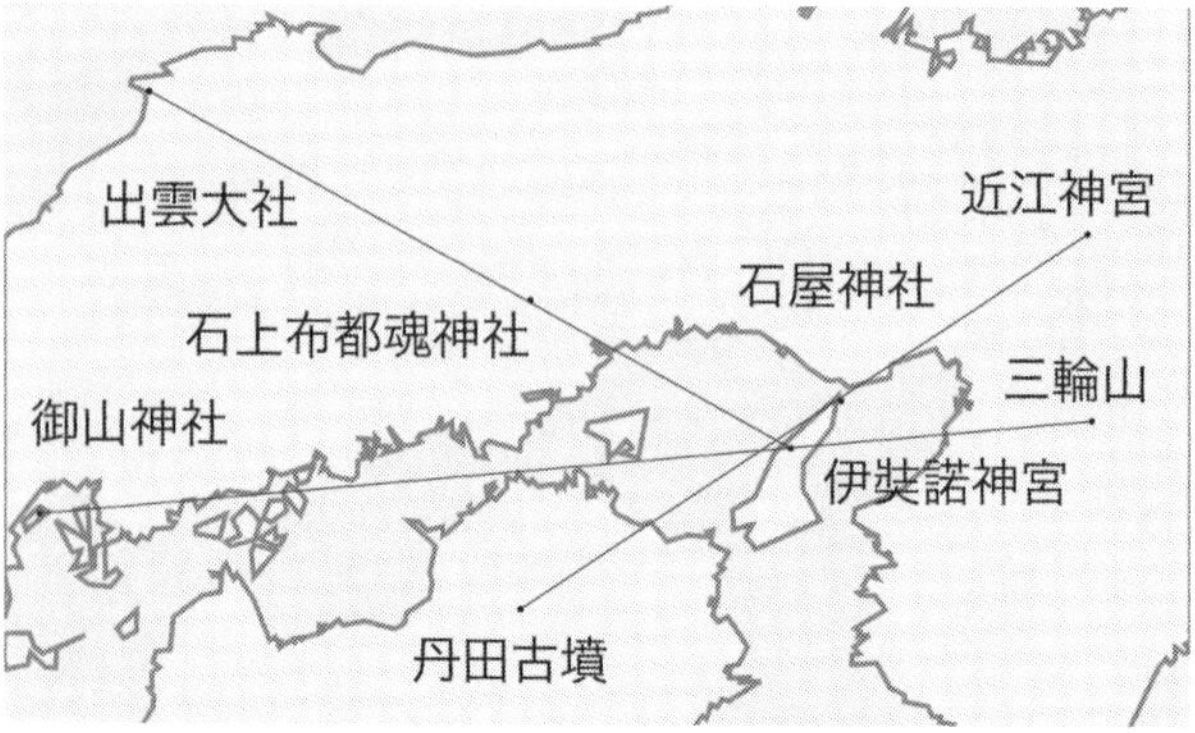

図 15　夢で訪れた聖地と淡路島のレイライン

出雲大社と淡路島の伊奘諾神宮が結ぶ等角航路上にも測地経路上にもあります。素戔嗚尊が八岐大蛇を斬った剣を納めていたと伝えられる神社です。

二つ目は、三輪山（奈良県桜井市・図15）の山頂の磐座で、御山神社（広島県宮島・厳島神社奥宮・市杵島姫命ほか）と淡路島の伊奘諾神宮が結ぶ等角航路上にも測地経路上にもあります。山自体を御神体としています。

三つ目は、丹田古墳（徳島県三好郡東みよし町・図15）で、近江神宮と淡路島の石屋神社を結ぶ等角航路上にも測地経路上にもあります。

丹田古墳は、実に不思議な前方後円（方）墳で、初めて訪れた時には、石室の中に細身の黒い体に精悍な犬の頭部をもつ存在を感じました（図16）。その存在に意識の照準を合わせると、「アヌビス」という響きが伝わってきました。エジプト文明の神として知られますが、シリウス星系の一種族だと思います。衣服はまとわず、耳は短めでした。瞳は白地に空色が散りばめられ、目が合うと意識が瞳の向こうの異次

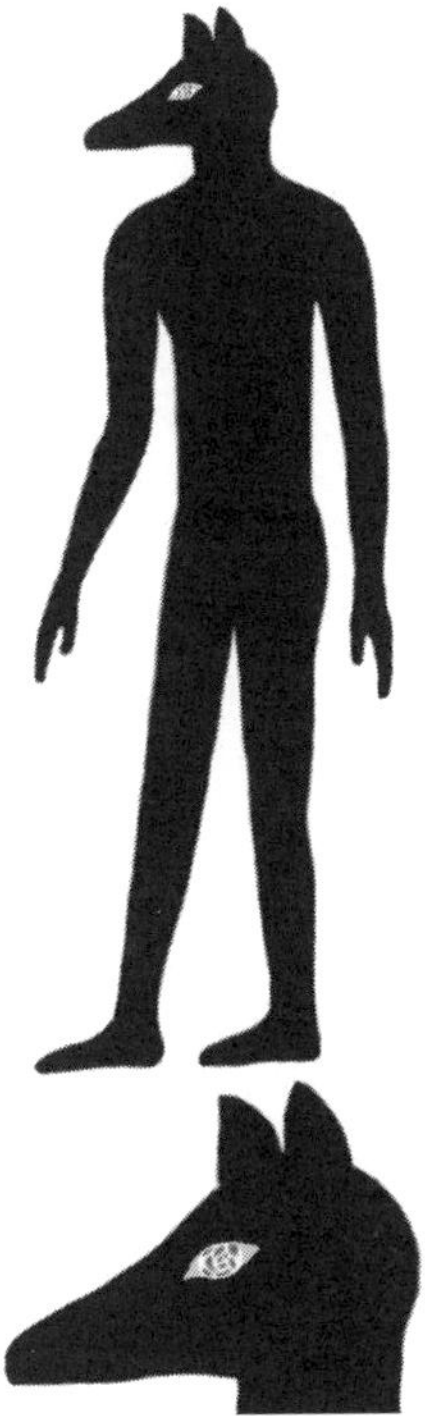

図16　古墳の石室に現れたアヌビス

元宇宙に広がっていきそうになります。

古墳には、エネルギーを集積させる点でピラミッドと共通する技術が用いられていること、古墳の石室は、ピラミッドの石室と同様に異次元宇宙への入り口として機能していることを理解しました。スターゲートです。古墳本来の機能を知る人々は、異次元への意識の旅を通して自己の意識を拡大し、日常の生活を捉え直す、よすがとしていたのではないでしょうか。

二〇一九年三月二十日

目覚めた時に「全ての準備が整えられた」と感じました。

二〇一九年三月二十四日

正午過ぎに、50～70頭ほどのイルカが海面を次々に飛び跳ねながら東京へ向かっている様子を感じました。松久先生のエネルギーが、イルカたちを惹きつけているようでした。

夜になって、保江先生、松久先生、明窓出版の社長さまと白金でお会いし、龍穴へ向かいました。

着いてみると、事前に脳裏に浮かんでいた情景そのままの場所でした。

余談ですが、龍穴周辺の路地については、おもしろいことが判明しました。夢の中で保江先生と一緒に宇宙船に乗るときは、私が先に乗っているのですが、先生が道を歩いてくるのを宇宙船から私が見下ろしていた、まさにその場所が2か所あったのです。夢の中の出来事は、象徴なのか現実なのか判然としない部分がありましたが、思っていた以上に物理次元と結びついた現実であることを知りました。

さて、私たちが龍穴で立っていると、途中から松久先生に強いエネルギーが掛かり始めました。そのエネルギーを正面から真っすぐ受け止めておられた先生は、体を揺らしながらそのまま後ろへ寝かしつけられるかのようにコロリと倒れ込むと、20分ほど意識を失われてしまいました。あの体勢から後頭部を打たずに倒れ込むなど、どうやっても不可能なことに思われます。まさに、神霊のなせる業なのでしょう。私はその実際を、すぐ隣で目撃したのです。

後でお伺いすると、松久先生の意識は保たれたまま白龍と共に龍穴の地下へ入り込み、そこで怒りと嫉妬を解放なさったのだそうです。怒りと嫉妬によって終焉を迎えたレムリアの女王であられたそうですので、今までそれを担っていらっしゃったのではないでしょうか。

私は、三月十二日の意識カプセルの夢を思い出しました。

また、壮麗な白龍は、とある山、竹生島、白金と場所を変えながら現れたことになります。この白龍は、目覚め始めている真珠色の龍たち6体と同じグループです。ほかの龍は、海底神殿から離れないのに、どういうわけか、ただ1体移動して働きます。

これら7体の龍たちが、この先どのようになるのかはっきりしませんでしたが、彼らが皇室や天皇陛下の生前譲位と深く関わることは、確かなように思われてなりませんでした。

この日をもって、壮麗な白龍は松久先生に、真珠色の龍たち6体は保江先生に、それぞれ受け渡されました。

天皇の龍の誕生

二〇一九年三月二十五日

朝方、松久先生は、鎌倉で美しい龍雲をご覧になっています。それは、壮麗な白龍でした。

正午過ぎ、私は保江先生と共に、白金の龍穴から太陽の周りに日暈を見ました（図17）。

この日は保江先生に、イエス・キリストから発祥した冠光寺眞法の技を体験させていただきました。

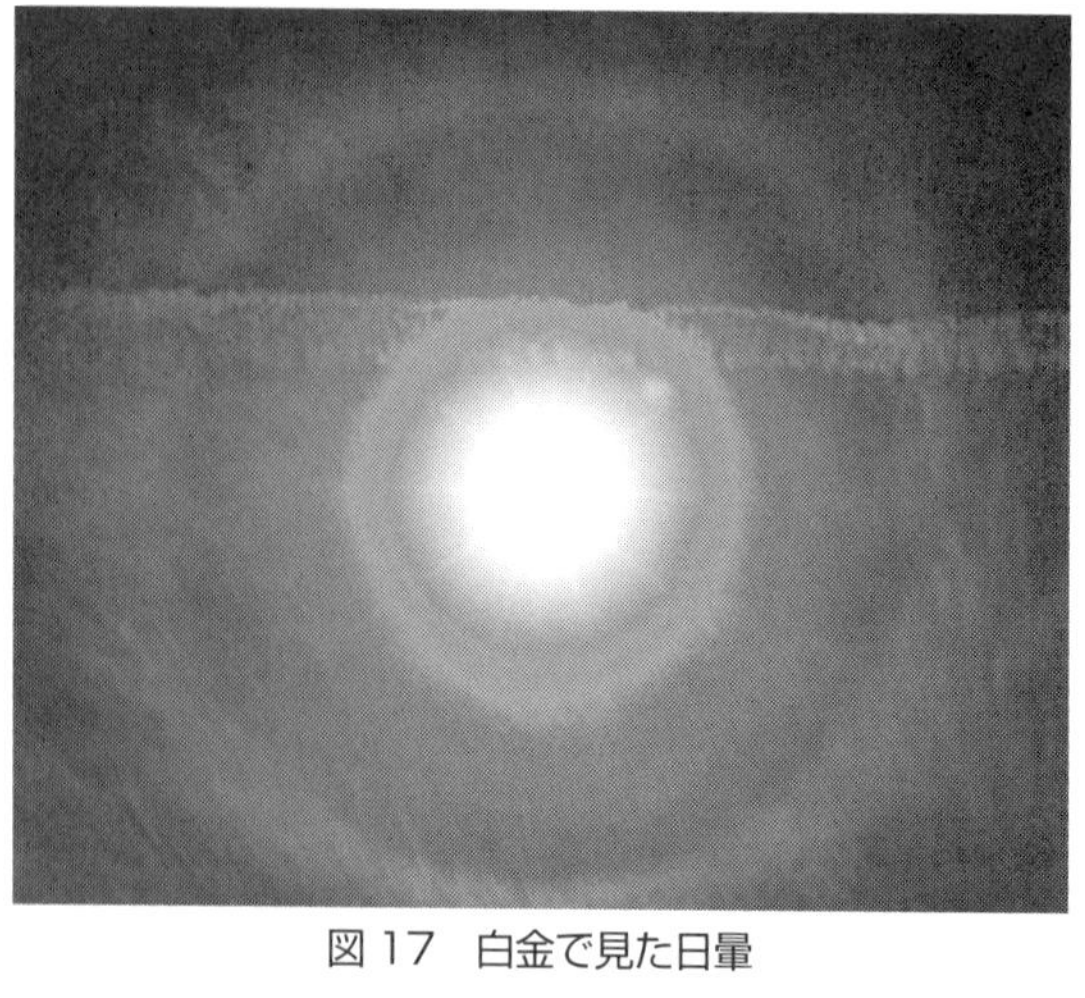

図 17　白金で見た日暈

それは、床に掌をつけた先生の手の甲を、私が上から手で押さえて持ち上げられないようにするというものでした。

物理的に考えると、私が自分の手に体重をかけて押さえ込めば効果が高いので、そのつもりで心の準備をしていました。しかし、いざ合図があって、そのとおりに体重を掛けようとした瞬間、何と自分の脳波が変わってしまい、体重を掛けることができなくなってしまったのです。

奇妙なことですが、体重を掛けようとしているのを制止された感覚とは違います。指令を出す脳の回線の存在自体が一瞬把握できなくなって、どこにも指令を出せない状態、それでも、「まあいいか」と赦せてしまう状態です。そして、先生は難なく高々と手を差し上げられました。

私は、たちどころに判りました。この状態は確かに以前の夢の中で、「イエスの話の聴き方」として感じ取っていたものと同じです。やはりそうだったのです。

この技法の要諦（ようてい）は、イエスやマザー・テレサのように、相手を愛で包むことにあるのだそうです。話を聴くにも、体を使うにも、愛によって相手を包み込むと、また、愛によって相手に包み込まれると、現実の中に違う世界が開けてくることを理解しました。

その数日後には、さらに別のことに気が付きました。

技を体験させていただいた後で感じたのは、「あの感覚は初めてではない」ということでした。技をかけていただいたのは初めてでも、エネルギーを感じたのは初めてではなかったのです。

そこで、ようやく思い出したのは、私と保江先生が2人で小型の宇宙船に乗り、時には先生が、時には私が操縦していたということです。宇宙船は、意識の力によって操作するのですが、アステロイドベルトのような領域で、虚空に浮かんだ小惑星を軽やかに避けながら滑空していた記憶が、ありありと蘇ってきたのです。

また、それとともに、自動車学校で教習を受けていた時の記憶も蘇ってきました。私は場内教習で、教習車と障害物との間隔が狭くなってくると、つい意識を強くもって、グッとアクセルを踏み込んでしまう癖があり、教官からたびたび注意を受けていました。実は、教習で障害物が迫ってきた時の意識の力の入れ方は、宇宙船を小惑星にぶつからないように操るときの意識の使い方と同じだったのです。この時にやっと、「だからだったのか」と、30年前の妙な癖が腑に落ちたのです。

二〇一九年三月二十七日

朝の夢の中で、私は皇大神宮へ参拝していました。ご挨拶に出向いていたのです。

朝のシャワー中に、「広がりのある喜びに満ちたエネルギー」を、自分の左側に感じました。まるで、淡く明け初める穏やかな海原のようです。

松久先生の御魂だと思いました。

胸の中心といっても霊体の胸の中心でしょうか、肉体の胸の中心前方で、砂肝のような塊が、蛇花火のように蠢きながら内部と外部を循環しています。2週間ほど前から、同じ現象が時々起きています。

また、この日から、自宅にいる間中ずっと同じ曲をひたすら繰り返し聴くようになってしまいました。それは、二〇一二年十二月十二日に伊藤ルミとミハル・カニュカの2人によって演奏された、ヴァヴィロフの『アヴェ・マリア』でした。

二〇一九年三月二十八日（下弦）

朝のシャワー中に、「動じることのないエネルギー」を自分の右側に感じました。真夜中の荒れた海で、繰り返し、繰り返し、波しぶきを受ける巌のようです。

保江先生の御魂だと思いました。同時にこれは、人がサナート・クマラと呼んでいるエネルギーではないかと思いました。

二〇一九年三月二十九日

夕刻、とある山の頂へ赴き、明日の宮島行きについて祈りを捧げました。

目を閉じていると、前日から私の右側に感じていたエネルギーが正面まで伸びてきて、両目からダイヤモンドのような強い光を鋭く放つ黒い人型となりました。

黒い人型は、ただ一言、

「魔王……」

とだけ厳かに告げ、元に戻っていきました。

魔王尊サナート・クマラ。その姿を前にして、私は安堵の思いに包まれました。明日の宮島行きでは、レイライン統合の仕上げの場所に立つことも含め、いつどの場所にいるべきか全て完璧に導いていただけることを予感し、胸の中で感謝の祈りを捧げたのです。

帰宅中の気付き。

闇を知らぬ者に　光を生むことはできない
底なしの闇に降りる強さをもつ者こそが　光を生む

闇と言っても、醜いとか汚いとかいう言葉で表現できる闇ではありません。その闇は、美醜を超えて畏れ多いのです。何というのでしょう、自分という存在自体が危ぶまれるような、そういう闇です。

微かな気配から、サナート・クマラからの霊感であることが察せられました。

二〇一九年三月三十日

この日は厳島神社（広島県宮島・安芸国一宮・市杵島姫命ほか）、三月十日の夢で見た「レイライン統合の仕上げの場所」、御山神社の順に訪れるつもりでいました。

私は紅水晶、ラピスラズリ、黄水晶、水晶玉の四つの石を持って車で出発しました。石は御山神社での祈りで使おうと思ったのですが、それはかつて高次の意識体から、

「宇宙のコードを開くには　声　石　骨の三つです」

と伝えられ、意識のエネルギーを増幅して働き掛けるのには、声の響き、石の結晶構造、自分自身の骨との相互作用が鍵を握ると理解していたからです。

紅水晶は、二十数年前に知り合いの方からいただいた物です。

水晶が意識のエネルギーを蓄えたり放出したりすることには気付いていましたので、時折訪れる心身の均衡が取れたときのエネルギーを蓄えておいて、子供の体調が優れないときには握らせていました。38℃を超える発熱が、ほんの数分足らずで平熱に戻ったこともありましたから、まさに、我が家の癒やしの女神のような存在です。一九九七年の、湧玉誕生の時にも使いました。

ラピスラズリは、二〇一二年の夏至に入手しました。

その少し前から、職場の特定の位置に、瑠璃（るり）色を基調とした色鮮やかな時空の裂け目を感じるようになっていました。当時の夢の中では、その裂け目から、「翼をもたらす者たち」と名乗る存在たちが、私の意識をたびたび観察しに来ていたのです。もっとも、私に射抜くような透徹した視線を向ける彼らは、翼をもたらすというよりは、「さあ、そなたはどうあるつもりなのだ」とばかりに、挑発的でさえありましたけれど。

何とも奇妙だと思いながら過ごしていたある日、私は、入ったことのなかった石屋にふらりと入り、自分の体験を話した上で、このような色の石はないかを尋ねました。すると、私が見ていた物そのままの色の石を取り出して、

「この色でしょうか。もしこれであれば、ラピスラズリです。高次への扉の意味をもつ石ですから、体験の内容ともよく合致すると思います」

と教えてくださいました。金色の稲妻のように黄鉄鉱が走ったその石を手にすると、全身に電流が駆け抜けました。それで、迎え入れたのです。

黄水晶は、二〇一八年三月の上弦の日に入手しました。

その直前の新月の午前中、私は手持ちの石をいくつか机の上に並べ、陽光を反射する様子を

眺めては楽しんでいました。するとその真ん中に、ありもしない一つの石が幻のように見えたのです。薄い黄色の、少々濁った水晶です。この石が、近々手元に来ることになることを確信し、そんな石が存在することに対して、感謝の気持ちが湧きました。手に入る前から、手に入ることに対して感謝の気持ちを抱いたのは、この時が初めてだったと思います。

石屋に行ってみるのですが、2回連続で閉まっており、3回目でやっと入店。案の定、見ていたとおりの石があったので購入しました。それが、ちょうど上弦の日だったのです。自宅に持ち帰り、紅水晶とラピスラズリ、黄水晶を正三角形に並べた時には、渦巻くエネルギーの奔流の激しさに驚きました。

水晶玉は、二〇一八年四月二十九日の昭和天皇誕生日に入手しました。

その直前の上弦の日、私は、とある山頂で紅水晶、ラピスラズリ、黄水晶を正三角形に並べて眺めていました。すると、三つの石の中央に、ありもしない透明な水晶玉が幻のように浮かんで見えたのです。またかと思いました。戸惑いを隠せずに立ち尽くしている私の横、三つの石の周りでは、どこからかやってきたクロアゲハが、しばらくの間舞っていました。

その1週間後、石屋に行くと、見たとおりの透明な水晶玉があったので入手しました。

その夜は、水晶玉購入のきっかけとなった場所である、とある山頂で煌々（こうこう）たる月明かりの下、紅水晶、ラピスラズリ、黄水晶を並べ、その中心に水晶玉を置きました。すると、小さめの美しい白龍が地底から山頂に向けてうねり上がってきました。

水晶玉を入手して白龍が現れた日が、昭和天皇誕生日であったことには、後で大きな意味を感じることになりました。

フェリーで宮島に渡った私は、通りに面した食堂の前で昼食の順番を待って並んでいました。休日の厳島神社参拝者は軽く1万人を超えるそうで、目の前を様々な国籍の老若男女が、途切れることなくぞろぞろと通り過ぎていきます。その喧騒を横に、別の意識ではじっと思考を巡らせます。

この度の祈りには、ある意味で、これらの人々全ての闇の集積の底に降りることが必要であること。一人一人の輪廻転生のドラマは、それだけでも壮大ですが、異星人から見れば地球人は地球の神々なのであって、人々の闇の底に降りることは、地球の神々の内なる闇に降りることを意味するのです。いったいどう向き合えばよいものやら、途方に暮れそうになりましたが、前日の霊感を思い出し、静かに、

「使命を果たす」

と言い聞かせました。表面的な意識では談笑しながらも、昼食を終える頃には、自分の全存

在を懸けてやり遂げる心境が出来上がっていました。

厳島神社に参拝した後、1時間以上並んで乗ったロープウェイの終点から弥山(みせん)山頂に向かいます。途中には、三月十日の夢で見たとおりの、「レイラ イン統合の仕上げの場所」があり、海原へ目を向けると、夢で見ていたとおりの景観(図18)が開け、それと同時に、繊細な組木細工の全体が一瞬にしてカシャリと組み上げられたかのように、レイラインが統合されました。

図18　夢で見ていた景観の一部

時計を確認すると、16時ちょうど。

三月一日の夢で見た、「龍の受胎期を定めるプログラムの起動時間」そのものでした。

前日は確かに、サナート・クマラに完璧に導いていただけることを予感していたのですが、いざ実際にそうなってみると、さすがに「ほう……」と声が漏れてしまいました。私は、自宅から4時間以上かけて車を運転し、フェリー、昼食、ロープウェイには順番待ちで並んでいます。

その間、トイレにも行けば休憩もして、ロープウェイから降りた後は1秒で1メートルくらい歩きました。それで、自宅から300キロ以上も離れたどことも知れぬわずか1メートル四方ほどの目的地に、3秒と違わずに到着するのですから、今の私にはそうなる仕組みの見当さえつかない話です。

しかし、まだ御山神社への参拝が控えています。

レイライン統合の直感を得た私は、余韻に浸る間もなく、弥山山頂を経由して御山神社へ向かいました。厳島神社奥宮にして、神代の昔に神霊が天降られたと伝わる聖地です。

到着したその場には、喧騒を許さない厳かな霊気が満ちていました。

紅水晶、ラピスラズリ、黄水晶を正三角形に並べ、中心には水晶玉を配置します。

呼吸が落ち着き、心の平らかになるのを待って祈り始めました。

すると、私の胸の前、合掌する位置に、持参した水晶玉と瓜二つの透明な地球の核が現れました。「澄み切った湧玉」だと思いました。

時の満ちたのを感じて警蹕(けいひつ)を発すると、それに合わせて左側の「広がりがあり喜びにあふれたエネルギー」と、右側の「動じることのないエネルギー」とが、ともに潮が満ちるかのように、左右

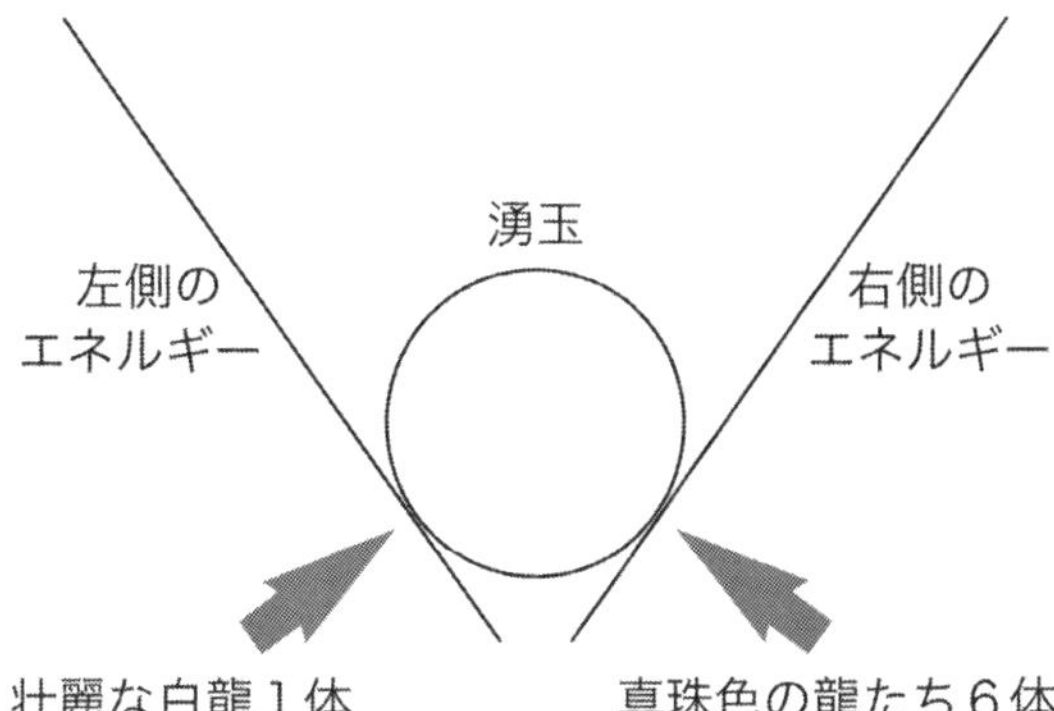

図19　澄み切った湧玉と飛び込む龍

の対称を保ちながら湧玉に向かって打ち寄せます（図19）。

打ち寄せるエネルギーの波のうねりが最高潮に達し、前縁が湧玉の端に接した刹那、左側から壮麗な白龍1体、右側から海底神殿の真珠色の龍たち6体の計7体が、一瞬のうちに「シュンッ！」と澄み切った湧玉の中心に飛び込んで、そうして終わりました。

辺りは、水を打ったように静まりました。

ロープウェイの駅に戻る途中、上空が急に曇り始め、強い風を伴った雨が降りました。順番待ちをして乗り込んだロープウェイで山を下りていると、にわかに反対の窓側の乗客がざわつき始めました。

「すごいよ。見てごらん」

「不思議な虹だ」

「見たことのないすごい虹だ」

「何かいい事があったのかしら」

などと、口々に言い合っています。満員で身動きの取れない私は、端しか見えないその虹を、安堵感と共にしみじみと眺めました。太陽の周りに鮮やかな二重の虹が出ていたようです。

参拝後、いくつかの興味深いことがありました。

私は、下山途中で何人もの人から、見たことのない不思議なものでも見るような顔で見られました。立っていれば、いつの間にか私の方を見ているし、歩いていると目で追われるのです。これまで、人にこのような見られ方をしたことはありません。

シカが耳をピンと立てて、私に正面から真っすぐ近付いてきます。シカは、私のそばまで寄ってくると、私がしゃがんで目線の高さを合わせても身じろぎせず、そのまま自分の鼻を私の鼻にくっ付けました。それも帰りの道中先々で、4頭もが同じ行動を取ったのです。まるで、定型化された何かの合図のようでした。もちろん、御山神社参拝前はそのようなことは一切なく、私に対しては物憂げな視線を素通りさせるだけだったのです。

扇状に光が放たれた見事な夕日（図20）。日中は落ち着きなく感じられた参拝客が、人混みと言えるほど込み合っているにもかかわらず、うっとりとくつろいだ様子で夕日を眺めていました。夕日だけでなく、人々の姿の美しさも格別でした。

帰宅した午前0時、神棚の前に正座すると、家の真上を屋根までビリビリ震えるほどの轟音

図20　厳島神社の大鳥居と夕日

を響かせて宇宙船が飛びました。ただ、轟音はいつまでも真上から移動しないだけでなく、近くに家族がいたにもかかわらず、難聴の私にしか聞こえていませんでした。おまけに、宇宙船を見に庭に出ようと立ち上がった瞬間、音はピタリと止んだのです。

その真夜中、同行者は、あまりの強風に庭の様子を心配して玄関から出たその時、真南の方向に美しい月を見ています。しかし、本来の月は翌朝の午前6時でも南東にあって、真夜中にはその位置にないはずなのです。

私は、左側に松久先生の、右側に保江先生の御魂を奉戴（ほうたい）して参拝していたようです。お二人の御魂は、それぞれ龍を伴って同行してくださったのでした。

また、祈りの際には「湧玉」が出てきましたが、奇しくも22年前、一九九七年の「湧玉誕生」の時と同じく、事の前には『アヴェ・マリア』を聴き、祈りは男性1人、女性2人の3人でなされたのでした。

天皇（すめらみこと）の龍の誕生と帰還

二〇一九年三月三十一日

意識の焦点を合わせると、自分の胸の中心、合掌する位置に、「澄み切った湧玉」が浮かんでいるのが感じられました。前日までに、何回か自分の胸の中心が、蛇花火のように蠢く奇妙な感覚がありましたから、それを経て「澄み切った湧玉」を受け入れられる状態になったのだと思います。

その中に、龍たちがいるのが分かります。

昨日の7体です。

けれども不思議なことに、全体で1体の龍、それも虹の龍であるように感じられます。

深夜、眼前に皇后さまが、静謐をたたえた美しい佇まいで出ていらっしゃいました。

そして、静かに一言、

「それで良いのですよ」

とおっしゃられ、そのまま霧のように見えなくなりました。

二〇一九年四月一日
朝のシャワー中のことです。

私の胸の真ん中、合掌する位置には、「澄み切った湧玉」が浮かんでいます。

その湧玉に向かい合って、皇族方が新年一般参賀のような姿でお並びです。1列目が皇太子殿下ご一家、2列目が左に天皇、皇后両陛下、右は秋篠宮さまご夫妻……。

どなたも穏やかな表情で、じっと湧玉を見つめておられました。何かの誕生を待っているようで、赤ん坊を見守られるかのような優しい眼差しでした。


この日、新元号が令和であることが発表されました。

二〇一九年四月三日
7体の龍たちがたゆたう「澄み切った湧玉」、その上方に1体の龍が見えます。

7体の龍たち全ての属性を内包して巨大。

勇壮にして、壮麗。

掌も大きく発達しており、長く伸びた爪の黒く艶やかなことは黒曜石を思わせ、当たるとカチカチと音のしそうな堅さと鋭さを備えています。

この龍が、これから皇太子殿下をお守りすることになると思いました。「天皇の龍」です。

3日前から、おぼろげに存在を感じていた虹の龍が、ついにはっきりとその姿を現しました。三月三十日16時に、淡路島のレイラインが統合されたのと同時に、「龍の受胎期を定めるプログラム」が起動しました。その結果、誕生したのは、皇太子殿下の虹の龍だったのです。これで、2日前に皇族方が湧玉を見つめておられたことの意味も理解しました。

なお、この日の夕方から、保江先生を右斜め後ろに、松久先生を左斜め後ろに感じ始めました。お二人は、夢でお会いするときの体で私にピタリと寄り添い、上から見ると3人で三角形を形成しています。この状態は、四月六日まで続きました。

またとないユニークな体験が始まったことで気分も高ぶり、翌朝は、

「天才的なお二人が付いてくださるのなら、すごく頭の回転が良くなるとか、そういう効果があるとおもしろいな」

と興味本位の不埒（ふらち）な考えが頭をもたげましたが、そのようなことはなく、いつもと変わりませんでした。

その代わり、この4日間に限っては、私の行く先々、例えばスーパーなどでも、誰もがやけ

に恭しく接してくださったのです。ふだんはそのようなことになりませんから、お二人のただならぬエネルギーのおかげでしょう。この思ってもみなかった副次的な変化を体感することで、私の認識している出来事の、私にとっての真実味が一層増すのでした。

二〇一九年四月六日

目覚め前、まどろみながら、

「今日も、自分の胸の状態は完璧だ」

と感じ、満ち足りた安堵を覚えました。

三月三十日の御山神社での祈り以来、私は、「澄み切った湧玉」を格納している自分の胸の清浄を保つことが何にも増して大切だと考え、一月の伊勢で理解したように、「命懸けであり ながらも喜びに満ちた明るい心持ち、喜びに満ちた明るい心持ちでありながら命懸け」でやり遂げようと意識していたのです。


夕方近くだったでしょうか。正面上方に皇太子殿下とその腰の辺りに巨大な虹の龍、斜め左前に松久先生とその腰の辺りに壮麗な白龍、斜め右前に保江先生と海底神殿の真珠色の龍たちが見えました（図21）。お二人は私のそばから離れて、皇太子殿下と三角形を形成してらっしゃいました。

二〇一九年四月七日

未明、胸の辺りに気持ち悪さを覚え、突然のたうって目覚めました。家人によると、「ウワッ！」と声を上げていたそうです。その後、胸を圧迫されるような違和感に4時間ほど耐えて、ようやく熟睡できました。

皇太子殿下
巨大な虹の龍
松久先生
壮麗な白龍
保江先生
真珠色の龍たち

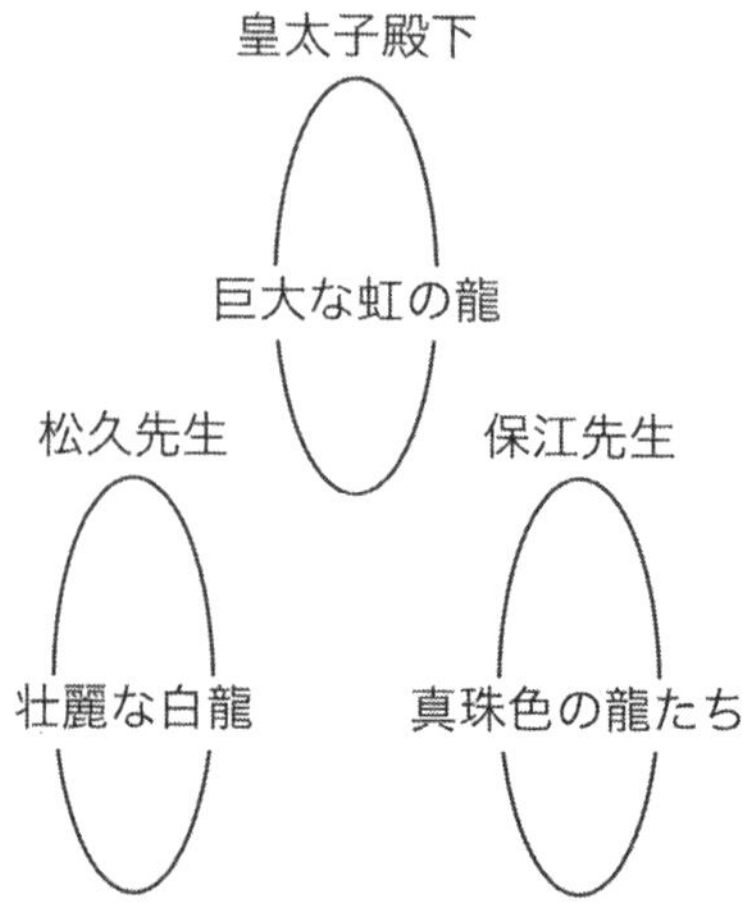

図21　3人と龍が形成する三角形

目覚めると、昨夜まで湧玉を格納していた私の胸は、神殿の扉が開いたかのようにすっかり開け放たれており、湧玉も見当たらなくなっていました。時至るまでは何としても湧玉を守り抜かなくてはならないと思っていた私は、自分が何かの失敗をやらかしたせいで、こうなったのではないかと大いにうろたえました。ただし、胸の感覚を探っても嫌な感じはありませんでしたから、「今」という瞬間に集中し直しました。

この日は予定していたとおり、とある山へ御山神社参拝報告の祈りを捧げに行きました。とある山の頂に着き、真上を見上げると、ハヤブサ科のチョウゲンポウが3羽旋回していました。上空の場を整えてくれていたのです。さらには、天空に懸かる一部が欠けた日暈。そこで私は、やっと事態があるべき方向に進んでいることを察知し、胸を撫で下ろしました。同時に、今日の祈りが終えられると、日暈が円く完成するであろうことも予感しました。

チョウゲンポウは、私たちが到着したことを確認すると、揃って北方へと去っていきました。このような、つまり、まるで鳥の心情が分かっているかのような書き方をするのは、御山神社参拝以来、動物たちの意識を以前よりもはっきりと感じ取れていたのが理由です。

いつもなら、山頂には何人か人がいる時間帯なのですが、この日は好天にもかかわらず、誰もいませんでした。

祈り始めると、左側に皇太子殿下が、右側に湧玉が、それぞれ現れました（図22）。湧玉は、両脇に一枝ずつの榊を添えて、輝くような無垢の檜（ひのき）でできた台に載せられていました。

やがて、皇太子殿下と湧玉は、地中から現れた金龍と共に、台ごと天へ上昇していきました。

金龍は、皇太子殿下と湧玉を鼻先にしています。胴の直径は2メートルほどで、私の体を通過

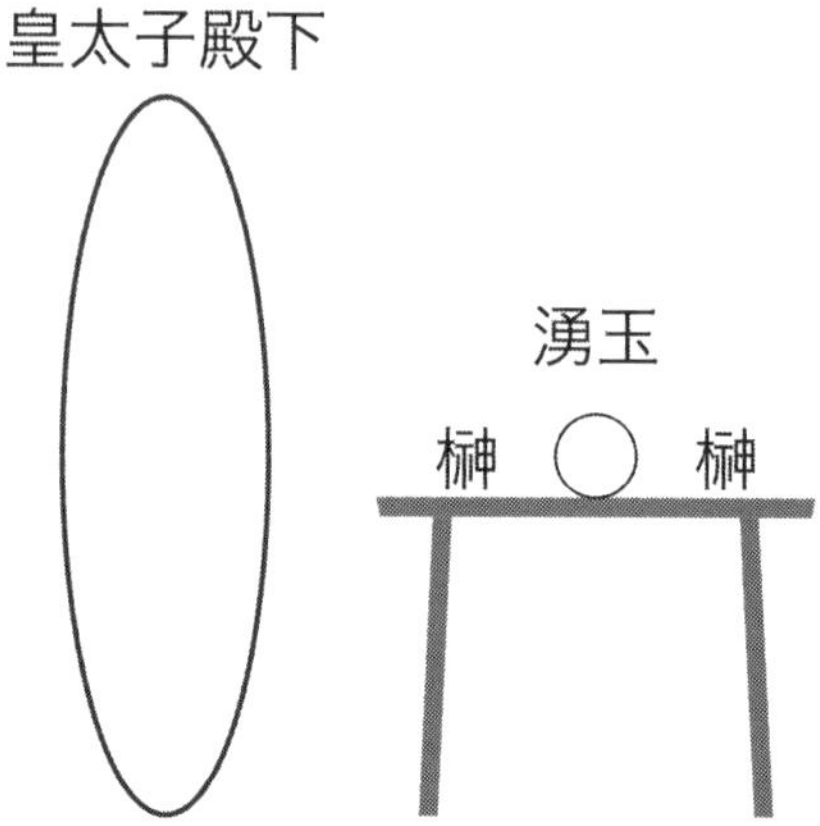

皇太子殿下

湧玉

榊　榊

図22　皇太子殿下と湧玉

しながら昇ります。その間、私の体は龍体の内側にあったわけですが、そこは、淡い金色をした光の粒の透明な力に満たされた空間でした。この金龍は、「淡路島の統合されたレイライン」と関わる龍だと判りました。自分で書いておいて、「透明な力とは何だ」と思いますが、ともかく、そう表現するとしっくりするのです。

　即位礼正殿の儀が執り行われれば、皇太子殿下は一度天に昇られ、そこで湧玉に対するものも含む数々の使命を頂かれ、天と地の全てが整え終えられたのちに、再び降りてこられるのではないか、それは大嘗宮の儀であろうと直感しました。

　上空を見上げると、先ほどは一部が欠けていた日暈は完全に円を描き、色も一層鮮やかになっています。それから、天空に素晴らしいショーが繰り広げられました。

　東の空から、飛行機雲の航跡を残しながら、日暈に向かって大きな純白の宇宙船が飛来したのです。不思議なことに、宇宙船は日暈の内部では姿も飛行機雲も見えなくなり、ちょうど太陽の真上を通過する時に、一度だけビカーッと強く閃光を発しました。そして、日暈の外に出ると、今度は姿が見えないままで、飛行機雲の航跡だけを残しながら音もなく飛び去ったのです。さらには、飛行機雲の影が下の薄雲に映ったのでしょう、上空の飛行機雲が紺と白の二重の帯になって、実に美しい姿を現しました。

これまでの宇宙船体験の中でも有数の、見事なものでした。

下山途中、私は独り言のように、

「これで湧玉も龍も手を離れたな。ちょっと寂しい気持ちもあるかな」

と漏らしました。同行者がそれに応えて、

「湧玉も龍も去るのでなく、広がるだけ」

と口にすると、晴天にもかかわらず、その時一度だけ、

「ゴロンッ！」

と大きな雷鳴がしました。

雷神、賀茂別雷大神の是とされた徴と受け止めました。

私も、『ガイアの法則』（千賀一生　ヒカルランド）によって、東経１３５度のもつ意味に目

が開かれた一人です。以前から、東経135度の地の力は東京にいらっしゃる令和の御代の天皇陛下にどのように生かされるのだろうかと思っていましたので、こうして東経135度淡路島の統合されたレイラインのエネルギーが、皇太子殿下と関わっていることに、なるほどと納得したのです。

二〇一九年四月十三日（上弦）

およそ3週間ぶりに松久、保江両先生にお目にかかりました。お二人の前で三月三十日の御山神社、四月七日の、とある山での出来事をお話ししていた途中、松久先生が、

「あなたに皇太子殿下の御魂が降りてきたのは分かっているの？　神聖な気だ！」

とおっしゃられました。

二〇一九年四月十四日

昨日からずっと、皇太子殿下の気配を感じる状態が続いていました。この日は、目をつむっていた時に死を超えた感じがしました。もう一つの視覚で、皇太子殿下と正面から向き合ったまま、死を超えた感覚が訪れたのです。

天照大御神と天御中主大神の気にも触れたようでした。

二〇一九年四月十五日

夕刻のことです。忘れもしません。自宅近くの交差点で信号待ちをしている時でした。眼前の皇太子殿下の気配は、より鮮明になっています。

ゆっくりと、皇太子殿下の巨大な虹の龍の姿が浮かび上がってきました。

龍は、誕生時よりもさらに強壮になり、いよいよそのエネルギーの励起の度合いを増しています。今や鱗の一つ一つがリュンリュンと音なき音で響き合い、鱗の色もその響きに伴って、つややかな黄金や白銀、華やかな紅、ほのかな紺碧など様々な色調に揺らめいています。畏怖の念を覚えるほどの姿なのです。

見たこともないほどの壮麗な白龍に、レムリアの秘められた海底神殿の龍たち、これら7体の龍たち全ての属性を、紛うことなく具備しています。

二〇一九年四月十六日

自分の胸から天空に向かって、体の幅ほどの光の筒が形成されているのがはっきり分かるようになりました。微かに金色がかった、白い光の筒です。この光の筒には、2日前の天御中主大神の気が関係しているように思いました。

二〇一九年四月十八日

天皇、皇后両陛下が、譲位を奉告する「神宮に親謁（しんえつ）の儀」のため、豊受大神宮・皇大神宮を参拝なさいました。

この日は、職場上空に次から次へと宇宙船が飛来しました。わずかな時間見ただけでも、太陽付近を中心に20機くらいは飛んだでしょう。

また、太陽の周囲には内暈に外暈、幻日に環水平アークと、見事な虹のショーが次々に繰り広げられました。

この様子は、翌日の高知新聞にも「日がさに柄!? 飛行機雲と共演 高知市」という見出しで、内暈とその中心を貫く飛行機雲が写真と共に報じられています。

一緒に眺めていた一人は、

「空に神の遣いが来ているのを感じましたけど、本当でしょうか？」

と私に訊いてきました。

陛下は、これまで天皇として、神殿の奥深くで静謐な祈りを天地へ掛けてこられました。陛下が役目を果たし終えられることが、宇宙の兄弟や自然界にいかに大きく作用するのかが改めて分かる出来事です。

二〇一九年四月十九日（満月）

部屋から見上げる月があまりに美しく、眺めているうちに、「この月を山頂から眺めたらどれだけ美しいことだろうか」と思い立ちました。

独り、とある山の頂へと向かいます。

懐中電灯は持ちません。月明かりはとても明るいのです。ゆらりゆらりと山道に映し出される木の葉の影に、自身の影を重ねながら進みます。柔らかな闇に包まれた森の中では、自ずと自分自身が解き放たれます。昼間には得難い、何とも心楽しい感覚です。

山頂に着いてからは、裸足になりました。ひんやりとした土と直に触れた足の裏からは、静電気のように何かが抜けました。体に芯が通ったと思います。

草の上に座して目をつむると、３日前から感じていた胸から伸びる光の筒が、上空の彼方へと伸びているのがはっきりと分かりました。

警蹕を発すると、その筒の内側を、虹色の龍が滝を登る魚のように、天へと還っていきました。この龍は、皇太子殿下の龍とは別の個体でした。

そのまま余韻に浸っていると、上空から宇宙船の飛行音が響いてきました。見上げると、四月七日と同じコースを飛んでいます。その横に輝く彩雲は刻々と姿を変え、ものの１分もしないうちに、満月を玉として握る凛々しい目をした龍の姿が象られました。今しがた天に還った虹色の龍です。

彩雲の絶妙な具合を目にして、私は、ふーっと長く息をつき、そこで急に我に返ってしまいました。おそらくは、次々と起こる奇蹟のような出来事の連続に、何か自分が普通と違う人間になってしまったかのような戸惑いを覚えたのだと思います。それに加えて、大それたことをしてしまったという気持ちも働いていました。

下山途中の道には、登山時には感じられなかった甘い匂いが芳(かぐわ)しく立ち込めて、先ほどの龍の彩雲は、有翼の霊獣と、連なった笠雲に姿を変え、月明かりに輝いていました。しかし、意識の振動が戸惑いの中にすっぽりと落ちてしまっていた私は、その中を独りとぼとぼと下山したのです。

二〇一九年四月二十日

この日、街に出掛けた時に、本屋で1冊だけ立ち読みしました。『天皇家と日本人1300年間の呪文』（坂井洋一　ヒカルランド）です。

序章に、琴座のベガの第2惑星で龍使いとして生きていた記憶を残している少年の話が紹介されていました。「虹色の龍を探せ」という使命を授かっていた少年は、母親と一般参賀に出掛けた時に、

「あのおじちゃんの後ろに虹色の龍がいる！」

と叫んだのだそうです。「あのおじちゃん」とは天皇陛下のことで、虹色の龍は全ての龍の長であるとのこと。

この部分を読んだ時、私はうかつにも本を取り落としそうになりました。体中が総毛立ったのです。これで観念しました。

実は、昨夜、天に還った龍が天皇陛下の龍であることは判っていたのです。ただ、昨夜はうまく受け止められませんでした。けれどもこの本を目にしたことで、そのような中途半端な状態は、真正面から吹き飛ばされました。

天皇陛下の虹の龍は、譲位を伊勢神宮に奉告なさった明くる日の、満月の夜に天に還ったのでした。

二〇一九年四月二十六日

サムハラ神社奥の宮（岡山県津山市・天御中主大神ほか）に参拝しました。曇っていましたが社の前に立つと陽が射し、私の体には四方からプラズマボールのようにエネルギーが接続されました。社から離れると再び曇りました。

神社のある丘を上がると、ノスリがピーヒョロロと鳴きながら、上空をゆったりと旋回しています。景色を眺めていると、土地のもつエネルギーのためなのか、下半身が温まってきます。心地良さにつられて鼻歌を歌っていると、鼻歌が予期せず祝詞に変わってしまい、途端にビリビリと波動が掛かってきました。みぞおちの辺りまで上がってきた金緑色の龍は、警蹕を発すると天へ昇っていきました。

これ以降は、「胸の光の筒」も感じられなくなりましたから、天御中主大神に由来する「胸の光の筒」は、役割を終えて還元されたのだと思います。

帰途に就くと、にわかに空が晴れ始め、私も晴れ晴れとした気持ちで帰宅しました。

かつて夢の中で、「歴代天皇には1体ずつ龍体がついている」と聞きました。今ならこれが、天皇陛下や皇太子殿下の虹の龍であることが分かります。

また、天御中主大神大聖陵の前で、「スメラミコトのカルマを担わせてください」と口をついて出たのはこの21年前。以来ずっと分からないままでいたその意味が、ようやく得心できました。「スメラミコトのカルマ」とは、天皇の虹の龍に関わる役割だったのです。

二〇一九年五月一日

皇居で「剣璽等承継の儀」が行われた時間帯は、午前10時30分から35分。

午前10時過ぎに、とある山の山頂に着くと、ちょうど宇宙船の飛行音がしました。霧に包まれた山頂は幽玄な雰囲気が立ち込め、いつも以上に多くの鳥たちが集まってさえずっていたのですが、10分ほどもすると静寂が訪れ、しばし静まりかえりました。

午前10時半前に、轟音と言えるほどの飛行音がしたのを、始まりを告げる合図と解釈し、祈り始めました。正面右側に天皇、皇后両陛下がモーニングとローブ・デコルテをまとった姿で現れ、こちらを真っすぐご覧になっています。やがて正面左側に現れた金龍が、水晶のように透明な玉を鼻先に天へ昇っていきました。天に昇った龍は、海底神殿の真珠色の龍たちのうちの1体でした。

再度、飛行音がしたのを、終わりを告げる合図と解釈して祈りを解き、時計を見ると、午前10時35分でした。

その後、車止めに着くまでの約30分間は、ずっと飛行音が絶えませんでした。また、下山中に目にする眼下の景色には、そこかしこに龍神の気配が満ちていたのです。

この日は、四月十八日の13日後です。それはまた、四月十九日からの13日間の最後の日でもあります。

二〇一九年五月十一日

夢を見ています。

月明かりによってできた彩雲を眺めていると、彩雲がちょうどぴったり日本列島の形になりました。その神々しさに息をのみ、

「日本が虹の龍になった！」

と驚きました。

韓国の聖地で

二〇一九年五月二十三日

夢です。

私は、どこからか聞こえてくる声に耳を傾けています。

その声の告げるところによれば、これからの私は、これまでよりも国内外のあちこちに出向くことになるそうなのです。私は、それら一つ一つの場所と、そこに出向く意味について説明を受けました。国外では、韓国も含まれていました。

二〇一九年五月二十四日

職場に、ユネスコ主催の「日本教職員韓国訪問プログラム」への参加決定通知が届きました。物事が、前日の夢のとおりに進んでいることが明らかになり、気が引き締まりました。七月九日から1週間、韓国を訪問することになったのです。

二〇一九年六月二十四日

夢の中に、韓国人男性が出てきました。

歳の頃は60代半ばで、髪は少なく短め、がっしりした顎からは意志の強さがうかがえます。自信と活力にあふれる彼は、彼の国の人々に対して非常に大きな影響力をもっています。俳優や政治家ではありません。どうやら、経済かそういう方面で君臨する人物のようです。

彼は、自分と自分の家族だけの幸せを考えて社会生活を送ってきました。それ以外の者の幸せを考慮しないのと、彼の考える家族の範囲が狭いこと、幸せというものに対する考え方が物質的側面と社会的地位の側面に偏（かたよ）り過ぎているために、周囲の人々を抑圧してしまっているのです。

彼の生き方は、その影響力の大きさゆえに、彼の国の、特に男性の社会的規範を良からぬ方向に誘導してしまいました。しかし、彼はいまだにそのことに気が付かず、自分の人生に誇りと自信をもっています。

いつの間にか、天皇陛下が、その男性の右上に現れていらっしゃいました。陛下はただ静かに、全体をご覧になっています。

二〇一九年六月二十九日

夢を見ています。

いろいろの場面で、事の進行が逃げ場なく加速されていきます。それはまるで、増水した三面水路の流れのようです。事の進む先は一つしかないのですが、時流の波に乗り遅れれば、機能することなく押し流されて、そこで終わりになるのです。それは、1人の力でどうこうできるものではなく、それぞれがそれぞれの持ち場で成し遂げて、初めて成るのです。

保江先生や松久先生も、自身のことに夢中で取り組んでおられました。

二〇一九年七月一日

夢を見ました。

私は、迷彩柄のジャケットを着た保江先生と語り合っており、これから自分がしようとしていることを説明していました。

私が話し終えると、それなら、といった様子で、

「これ使って」

と大切な何かを下さいました。その何かは、こちらが畏(かしこ)まってしまうほど貴重なもので、霊力を秘めてボーッと光っています。

会話の詳細は記憶に残りませんでしたが、私の韓国行きと関係があることまでは分かりました。それは、六月二十四日の夢に出てきた韓国人男性のことを、現地で祈ることだと思います。

二〇一九年七月七日

とある山の頂で過ごしていました。すると、みずら（※ 日本の上古における子供の髪型）を結った古代の大王が、切り立った場所から大陸の方向を遠く眺めている様子が見えました。そのうちに金龍が現れ、大陸の方に向かって空へと昇っていきました。金龍には、皇子が乗っていました。皇子の素性は分かりませんでしたが、大陸の方というのは、韓国を指していると思いました。

二〇一九年七月十三日

訪韓5日目のこの日、早朝のソウル市内を適当に走っていると、宗廟(そうびょう)に行き当たりました。

歴代皇帝とその妃49人の霊廟です。開門前で入ることができなかったため、門前で祈りを捧げました。

夕刻、タクシーを使って奉恩寺（ソウル特別市）に向かいます。

多くの市民が訪れる韓国きっての仏教寺院。たくさんのハスの鉢が、彩りを添えています。

法王楼、大雄殿、霊山殿、北極宝殿と、丘陵に連なるお堂を横目に、上へと進みます。北極宝殿では、神格化された北斗七星が祀られていました。弥勒大仏の裏に回ると、人もほとんどありません。寺院の上方にあるクヌギ林に入る時には、境界でグッと圧力を感じました。ある種の結界が形成されているのでしょう。高まる波動にこちらの期待も高まります。

祈る場所を探して、しばらくクヌギ林を散策していると、神事が斎行された痕跡のある場所のすぐ横のベンチに、酒の臭いを漂わせた韓国人男性が座っています。

よりによってこの場所にと思いながら声を掛けますが、どうやらこちらを警戒しているようです。このままでは祈るどころではないので、取りなして話を続けるのですが、お互いの言葉がほとんど通じずに噛み合いません。しかし、少しずつ警戒心が解けてきたようで、そのうち彼はスマートフォンを取り出して翻訳を始めました。以下は、スマートフォンの画面を介したやりとりです。

男：ここに何をしに来た？
「ここはとても神聖な場所だ。だから祈りに来た」
男：あんたはどこの所属だ？
「所属？　日本の教員だよ」
男：（疑わしげに）韓国語が分からないふりをしているのか？
「こんにちはとありがとう以外は知らない」
男：奉恩寺は下じゃないか。
「いや、祈るのはこの辺りでないといけない」
男：どんな神様だ？
「答えるのが難しい。夢の中に韓国の王と日本の天皇が出てきたからここに来たんだよ」
男：日本人は韓国人のことをどう思っている？
「やがて仲良く協力し合うようになるよ」
男：あんたは日本で、韓国人のことをどう教えているのか？
「バレーボールの大会で韓国に来た時に、とても良くしてくれた。そのことをいつも話しているよ」
男：本当にバレーボールの選手なのか？　君は小さいじゃないか。

「確かに韓国の選手は大きい。でも、僕の日本のチームは、韓国の全国大会に参加して優勝したんだよ」

男：よし分かった。実は、森の中から突然美しい男が現れたから驚いたんだ。あんたが寺の関係者で、俺を見張りに来たのかと思って怖かったのさ。

スマートフォンの画面の「美しい男」という部分を読んで大笑いすると、男もそれにつられて笑い出し、すっかり和やかになりました。祈りを捧げる準備が整ったことを理解しました。

「僕は向こうに行ってくる。祈るのに一番良い場所を探してくるよ」

男と別れ、辺りの様子を確かめながら、敷地の境界沿いの小径を歩きました。取り立てて大きな変化のないクヌギ林の中を縫う小径です。二、三度往復して、最も強く気が感じられる場所を、慎重に見極めました。その場で、集中のために目を閉じると、六月二十四日の夢に出てきた韓国人男性が現れました。

彼の周りには、まるでホタルが飛来するかのように、少しずつ、少しずつ、金色の光の粒子が集まってきます。

それに伴って、その場のエネルギーはぐんぐんと高まりました。私の胸も、早鐘を打ち始めます。

完全に金色の光に包み込まれ、変容の極点に達したところで警蹕を発すると、彼は光に包まれたまま、はるか彼方までバーッと上がっていきました。

天皇陛下も、彼の右上でなりゆきをご覧になっていました。

しばらく間を置き、祈りを解いたそのすぐ後のことです。私の真後ろで、いきなり、

「バキバキーッ！　ドサーッ！」

と大きな音がしました。

あまりのことに駆け寄って現場を確認したところ、無風であるにもかかわらず、100キログラムは軽く超えていそうなクヌギの太枝が、高い所から落ちてきていました。そして、驚きの余韻に浸る間もなく、畳み掛けるかのように、北極宝殿からは祭祀の始まりを告げる鐘が響いてきたのでした。高い所に位置していた彼の自我の葬送の儀式のようでした。

丘陵を下りていると、体が熱くなっていることに気付きました。陽は傾き、そよ風が吹いています。それでも、うっすらと汗ばんでくるほど体がホカホカしていたのです。坂を上るときでさえ、汗をかかなかったのにもかかわらず。

北斗七星は、皇室と深い関連をもちますから、祈りを解いた直後に北極宝殿で祭祀が始まったことには、意味のある一致を感じました。

天の龍

二〇一九年七月十六日
天皇陛下の巨大な虹の龍の姿が、眼前に浮かびます。
龍がゆったりとたゆたっているのは、湧玉の浮かんでいる空間でした。
神気に満ちた地球の内奥、地球の中心です。

二〇一九年九月五日
夢の中で、話を聴いていました。新しい無垢の檜の社のような、明るい光に満ちた場所で説明を受けていたのです。「天皇家の秘密」だといいます。
目覚めた直後に覚えていた内容は、別の考え事をしているうちに思い出せなくなりました。

二〇一九年九月十三日
夢を見ています。
令和〇年四月十八日という文字が見えました。天皇家に関わる重要な日付なのだそうです。
〇の部分は霞んでいて、令和の何年であるのかが分かりませんでしたので、これはまだ令和とは言えない、つまり、令和になる前に天皇陛下が豊受大神宮・皇大神宮に参拝なさった今年のことではないかと考えました。

通勤中は、それが九月十四日のことでもあるように思えました。四月十八日と九月十四日は対の関係になっています。

二〇一九年九月十四日（満月）

静かに座って、9日前の夢のことを思い浮かべていました。意識が夢の状況の中へと入り込むにつれて場の空気が変容し、私の胸の鼓動も高鳴り始めます。

すると眼前に、天皇陛下の虹の龍が姿を現し、力強く高らかに吼(ほ)えました。私の知る限り、この龍が吼えたのは初めてです。

それを見た瞬間、私の目からは涙がこぼれ、頬を伝ってあごまで流れました。なぜ涙が出るのか自分でも分かりません。しかし、私の心の奥からは、熱い何かが真っすぐ突き抜けてきたのです。龍は、正面至近距離で私に向かって吼えています。

「天の龍」という言葉が、頭に浮かびました。

そのまま静かにしていると、やがて上方から忍び寄る波のように、じわじわと強烈なエネルギーが掛かってきました。横溢(おういつ)するエネルギーの奔流を全身で受け止めると、そのエネルギーによって、体の細胞の一つ一つまでもが打ち震えるのを感じます。座っていましたが、動き出したい衝動を抑えるのが大変でした。

するとそのエネルギーは、

天の龍
我は帝の龍を生むものなり
火の雷（ほのいかづち）

という言霊を私の体に響かせました。私の体には、まるで体全体がこの言霊になってしまったかのように響きが満ちています。やがて、ゆっくりと去っていきました。まことに力強いエネルギーで、荒魂（あらみたま）とはこういうものなのだろうかと思ったのです。

このエネルギーは、自らを「天の龍」と名乗り、「我は帝の龍を生むものなり」と言います。「帝の龍」と表現されているのは、天の龍の働きが、神武天皇以降のシステムよりも古い起源をもつことと、天皇ではない帝の龍も生む意味とを含んでいるのでしょう。

「火の雷」は一続きでなく、火と雷とに分かれます。火とは火明命。銀河の中心太陽セントラルサンの火でもあります。雷は、雷神としての性質が前面に現れた龍神としての賀茂別雷大神。子を身籠る時に、稲妻が走った経験をもつ方が数多くいらっしゃると思います。雷神のいわれは、地上で起こる電気現象だけでなく、もっと広汎な、命を生み出す作用をも含めたものではないでしょうか。

天の龍は天にあり、天皇(すめらみこと)の龍を生みます。天皇の龍は地球の神界にあり、地球の核、湧玉の周囲をたゆたうのです。

ここに、九月五日と十三日に見た夢は、天の龍と天皇の龍との関係のことだったのだと理解しました。

また、この後、2か月くらいかけて少しずつ確信に至ることができたのは、一九九七年七月二十七日に高知県の賀茂神社で現れ、その後もたびたび眼前に出現する黒い怪物は、賀茂別雷大神の一つの姿だったということです。

私は思いました。昔話には、悪い鬼などが登場人物にたてついた後に改心して守護に当たる話がありますが、あれは実のところ、最初から一貫して守護していたのではないかということです。すごみある容姿に対して怖れを抱きがちなのが人間ですから、人々が受け入れやすいように話が再構成されたとしても、それほどの不思議はないと思います。

二〇一九年九月十五日
日中は、たびたび純白の宇宙船を見ました。極めて低い場所を飛んだり、私の意識の変化に伴って光ったりしました。前日の証と思いました。

それが御山神社であること

二〇一九年九月十六日
目覚めた時の自覚です。
「最後に頼りとなるのは、内なる神と、自分との間のことである。
そこに例外はない。
それは常にそうなっている」

二〇一九年九月十九日
夜、瞑目していると、目の前に光景が浮かびました。
私は、御山神社の上空数十メートルの場所から神社を見下ろしています。

高次の意識体によって、これまでの地球において、地球という惑星の全てに責任を負う心境で祈りを捧げられた方々数十名の祈りの様子が、順番に示されました。ほとんどは私の存じ上げない方でしたが、いずれの祈りも、氷に覆われた人跡未踏の峻険(しゅんけん)な峰々を思い起こさせる厳しいものでした。それらの全てが示し終えられると、私の意識は再び、神社を見下ろす位置に戻りました。

しばしの静寂の後、最後に御山神社神前で、皇太子時代の昭和天皇が祈りを捧げておられる場面が出てきました。

陛下は、イエスの生きた時代にも生を受け、イエスが儀式、おそらくは水と関係する儀式だと思いますが、それを受けたことを合図に、イエスの光の役と対極の闇の役が展開されることとなりました。これが「矢」。そして将来は、昭和天皇として原爆のカルマに再び直面することも理解なさっていました。これが「的」。2千年をかけて担われた陛下の役割が、「矢的(やまと)」となっています。その中で、祈りを捧げておられました。

地球の全てを背負い、他の誰からの理解を求めることもなく、唯一、神との対話のみを頼りとして進まれたのです。

これが、高次の意識体が見せてくれた光景から、私が読み取った内容です。

全てが終えられた後、高次の意識体は、

そなたの祈りの基盤となった祈りである

と告げました。三月三十日の御山神社での祈りは、陛下のこの祈りが基盤となって存在したというのです。

後で調べてみると、陛下は実際に皇太子時代の大正十五年（一九二六年）五月二十七日、昭和を迎える十二月二十五日の7か月前に、お付きの方8名と共に御山神社へ参拝なさっています。原爆の投下されることになる広島の、その聖なる場所、宮島は厳島神社の奥宮である御山神社で、祈りを捧げられたのです。

三月に参拝した時には気付きませんでしたが、そこには陛下の参拝記念石碑が設（しつら）えてあるそうです。お付きの方々にも、陛下の祈りのただならぬことが伝わり、記念石碑の建立に繋がったのではないかと想像しました。

私は、闇についてサナート・クマラから霊感をいただいた翌日に、御山神社への参拝が叶いましたが、闇を見据えてこられた陛下の真摯な祈りが基盤となっていたことを知って、何とありがたいことかと思いました。

仮に、ご自身のこととして想像してみてください。国民を大御宝（おおみたから）と呼ぶ家に生を受け、やがては国民の弥栄を常に全身全霊でもって祈る立場となることを理解して、そのうえで、原爆のカルマを避けることのできないものと受け入れて祈る重みが、いかばかりであるか……。私には、これ以上、言葉で表現することができません。

なお、陛下は、その22年後の昭和二十二年（一九四七年）十二月七日、原爆の投下された広島を訪れ、原爆ドームと向かい合う位置に立って、広場を埋め尽くす5万人とも7万人ともいわれる国民から、大地がうねるかのような盛大な万歳の歓呼を受けておられます。

当時の広島行幸（ぎょうこう）の映像は、ウェブ上で見ることができます。

平安

二〇一九年九月二十日

昭和天皇の祈りについて明かされた前日の衝撃も覚めやらぬこの日、陶彩画家の草場一壽様のホームページを拝見し、心底驚きました。

『平安』という作品の龍が、天皇陛下の虹の龍とあまりにもよく似ているのです。これで爪が黒くなれば、天皇(すめらみこと)の龍そのものと言えるほどです。そのうえ、二月二日の竹生島竜神拝所への同行者は、土器に「平安」と記して投げていたのでした。

それだけではありません。作品に添えられた詩は、まるで予言のように、天皇の龍が生じた状況によく当てはまっています。

平安

いにしえより　語り継がれた
伝説にいわく
世の中が混沌し　人々に不和や争い
疑心が生じたとき
7頭の龍たち　天界より集まりて
合体し虹の龍となりて
地上を平和へと導く……と

なお、この日はこの後で浜本末造著『人類は生き残れるか』（霞ヶ関書房）の中に、

「一と六　結びて奇しく　七となり　七と十との　結び悟れよ」

という歌を見つけました。

天皇陛下の虹の龍は、左から1体、右から6体の計7体の龍たちが湧玉に飛び込んで誕生したものでした。

一と六の和で七となるのは、正六角形に中心が入ること。それで七となって、さらに正三角形が取り巻いて、十となる配列が脳裏に浮かんできました（図23）。

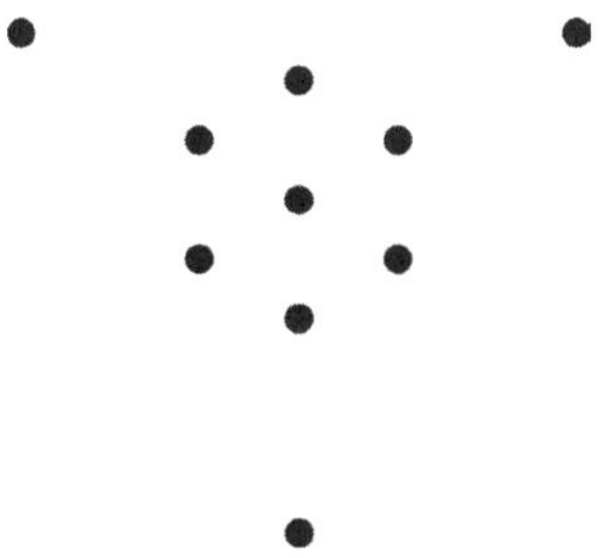

図23　十の配列

大嘗祭まで

二〇一九年十月十二日

午後5時頃、過ぎ去った台風19号の雲がまだ残る中を帰宅していました。その時、空から土の龍のエネルギーが降り注いでいるのを感じました。空から土の龍とは変ですが、なぜだか、そう感じました。どこからともなく「オカミ」と響い

てきました。

帰宅して「オカミ」について調べると、それは「龗（おかみ）」で「水、また雨や雪を司る神霊。竜神」となっていました。


二〇一九年十月二十二日（即位礼正殿の儀）

夢の中で、見知らぬ男性が、私に報告しに来てくれました。

その方は導きを受けて、東海から関東にかけて、20か所ほどの重大なエネルギーポイントを調整して回られたのだそうです。それらのポイントは、直線や星座を形成しています。中でも、中央を通る直線が一番重要なのだそうですが、それは、富士山を通っているように見えました。その方の全存在を懸けて、しかも淡々と、その役を果たされた様子が手に取るように判りました。

自分の役割を無事に完遂し、別の女性による東海から関東にかけてのエネルギーポイントの調整とも相まって、陰陽の鍵が組み合わされ、即位礼正殿の儀を無事に迎えることができるようになったのだと説明してくれました。

目覚めてから、この方の働きは「土の龍」の働きであると思いました。

起床後、とある山へ出掛け、午後0時50分に山頂に着きました。猛禽類が舞っています。緑がかった色の濃い金龍が天に昇る様子を見ました。また、天皇陛下はラピスラズリのような青色のエネルギーと共に、左側にお立ちでした。

皇居では、午後1時から即位礼正殿の儀が挙行されています。

二〇一九年十月二十五日

夢の中で、毎日のように、昭和天皇について説明を受けています。昭和天皇の御魂の役柄と、儀式や祈りとの関連についての説明です。

しかし、その記憶が微かでほのかであるために、ほとんど思い出せません。

二〇一九年十一月十四日（大嘗宮の儀）

大嘗宮がすっぽり入る、天地を貫く巨大な光の柱が立っています。

二〇一九年十一月十五日（大嘗宮の儀）

早くに目が覚めましたので、とある山へ向かいました。山頂には午前2時半頃到着しました。

空には雲一つなく、オリオン座もシリウスもよく見えます。何もない虚空の静けさが満ちる中、枯れたススキの上に、独り腰を下ろして目を閉じました。

途中から、大嘗宮を包み込んで天地を貫く巨大な光の柱が見えてきました。やがて、光の柱がカラーの花のように、それも幾重にも開き、そこから白い御祭服の姿で天皇陛下が出ていらっしゃいました。気が付くと、身長が数百メートルはあろうかという大きな姿になられています。その後、宇宙空間に浮かぶ陛下と地球が見えました。亀に乗ったような姿勢で、腰から胸の近くまでを地球と重ねられています。

「陛下は、地球を自らの体とされた」

「地球を自らの体として宇宙を進まれる」

と思いました。なぜか、涙が一筋流れました。

大嘗宮の儀は午前3時頃終わったそうですから、ちょうど同じ頃でした。

この日の太陽は、素晴らしかった。大嘗祭を終えるとこんなに違うのかと思うほど、素晴らしい光を発していました。

陶彩画『天皇（すめらみこと）の龍』

大嘗祭も終わった二〇一九年十二月、私は東京にある草場様のギャラリー、「銀座 靇（おかみ）」を訪ねました。

草場様の作品『平安』に出会ったのが、御山神社での祈りについて啓示を得た翌日でしたから、そこにただならぬご縁を感じたのです。

初めての対面で、「天皇（すめらみこと）の龍の誕生」の経緯を包み隠さずお話ししたところ、

「それは、私やニュージーランドのワイタハ族ポロハウ長老が長年待ち望んでいた龍です。私の言葉で言えば、国常立の龍です」

と教えてくださいました。

和やかに語り合ったその場で、地球の内奥の中心である湧玉の上をたゆたう『天皇の龍』の陶彩画制作を依頼し、やりとりを重ねたうえで作り上げていただいたのが、本書の表紙の作品となっています。

やりとりと龍との関係も、なかなかに興味深いものでした。龍のエネルギーが高まると、そ

の数日後には必ず係の方から連絡が入るのです。それは、制作過程の一つ一つに龍が反応していたということです。

眼入れの時も見事でした。ある朝、真の天照大御神の気が湧き立つ場所といわれる天石門別(あまのいわとわけ)八倉比賣(やくらひめ)神社奥の院（徳島市）に行ってみようと着替えていたところ、ちょうど龍の眼を描き込むための下絵が宅急便で届きました。作品への直接の眼入れは難しいため、下絵を描かせていただくことになっていたのです。エネルギーが何度も強く掛かってきたことで、参拝は龍の眼入れのためだと理解し、奥の院へと向かいました。

神社略記に、かつてはこの神社の祭典が日本の大典であったこと、壇ノ浦の戦いの起こった一一八五年には、神社が神格最高位に位置付けられたとあるのを読んで、「この地こそまさにふさわしい」と、一層身が引き締まります。集束したエネルギーは、無事に下絵の龍の眼に込めることができました。

帰宅後、この日一日の出来事を思い返しながら散歩していたところ、東の空に浮かぶ月が燃えるように赤いのを見て、眼入れはどうしても今日やらねばならないことを理解しました。

作業を始めると、あろうことか、天皇陛下、保江先生、松久先生がそれぞれ自信に満ちあふれた様子で、目前に現れてくださいました。「眼入れの下絵を描くだけで、こんなすごい事になるのか」と感じ入りました。

図24　八倉比賣神社奥の院の位置関係

地理的関係も示唆的で、八倉比賣神社奥の院は、天皇の龍を生んだ賀茂別雷大神を祀る賀茂神社、剣山宝蔵石神社と、また、土御門上皇の行在所（高知県香南市・月見山宝幢院）、長谷寺（奥の院（高知県香南市・十二所大権現）と等角航路上にも測地経路上にも並んでいます（図24）。

天皇の龍だけではありません。

制作終盤の打ち合わせで、湧玉の部分の意匠が確定した時は、曇天の暗い西空の下、とある山だけが朝日を受けて金色に浮かび上がりました。その山裾の左側には玉のような虹色の光、右側には山にまとわりつくような白い龍雲。一帯には、龍の気配が満ちていました。道路には、いつものように通勤中の車列が見える中で、西空には、悠久の時を感じさせる光景が、忽然と一幅の絵のように広がったのです。

とある山は「湧玉誕生」の舞台であり、虹の玉と龍雲とで天皇の虹の龍が表されています。不可視の世界の存在である天皇の龍や湧玉が、陶彩画になって姿を現すことには、それだけの意義があるのでしょう。

聖地の位置関係

ここでは、「湧玉誕生」と「天皇（すめらみこと）の龍の誕生」に関わりのあった聖地について、聖地どうしや、星々との位置関係について調べた結果を説明します。

位置情報は、Google Earthと国立天文台ホームページで取得し、聖地の聖域を半径1キロメートルの円に見立てて描画してあります。角度のずれの許容範囲も、位置に換算して1キロメートル、例えば、聖地間の距離が200キロメートルであれば0・9度までを基準にしました。経路は、等角航路を採っています。

まず、西日本の聖地17か所と星々の位置関係です（図25）。

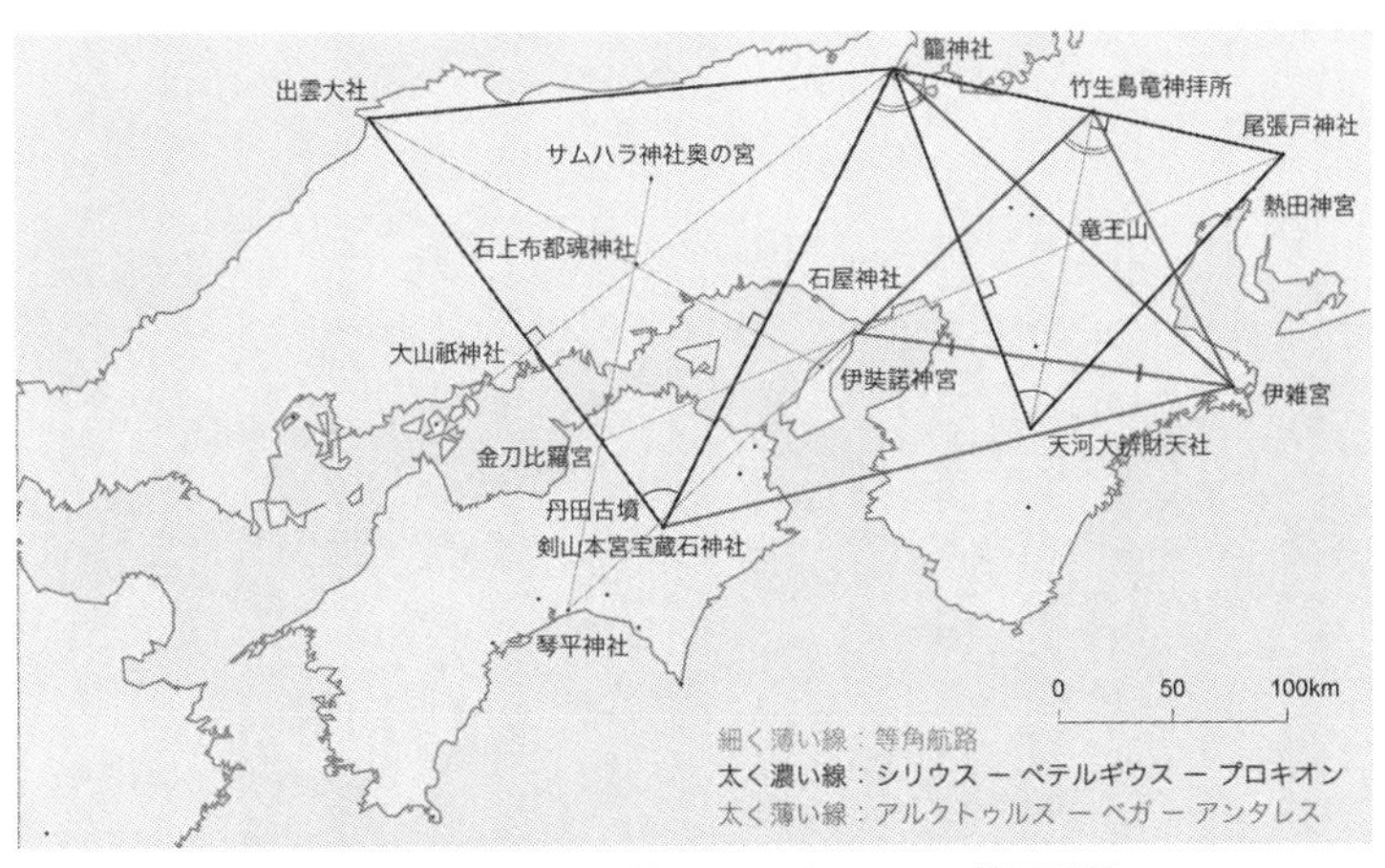

図 25　西日本の聖地 17か所と星々の位置関係

図12について述べたことに加えて、籠神社―出雲大社―剣山宝蔵石神社は、シリウス―ベテルギウス―プロキオンと、籠神社―剣山宝蔵石神社―伊雑宮は、アルクトゥルス―ベガ―アンタレスと相似です。

伊雑宮―竹生島竜神拝所―石屋神社が形作るアルクトゥルス―ベガ―アンタレスは、伊雑宮を回転軸として、頂点である竹生島竜神拝所を籠神社まで滑らせながら拡大すると、ちょうどシリウス―ベテルギウス―プロキオンを形作る籠神社―出雲大社―剣山宝蔵石神社と辺が一致します。

また、籠神社―剣山宝蔵石神社と出雲大社―伊奘諾神宮は90・1度、出雲大社―剣山宝蔵石神社と籠神社―大山祇神社は90・5度で交わっており、直交しているとみなしました。

籠神社―大山祇神社と出雲大社―伊奘諾神宮、サムハラ神社奥の宮―琴平神社の3本の線分の交わる

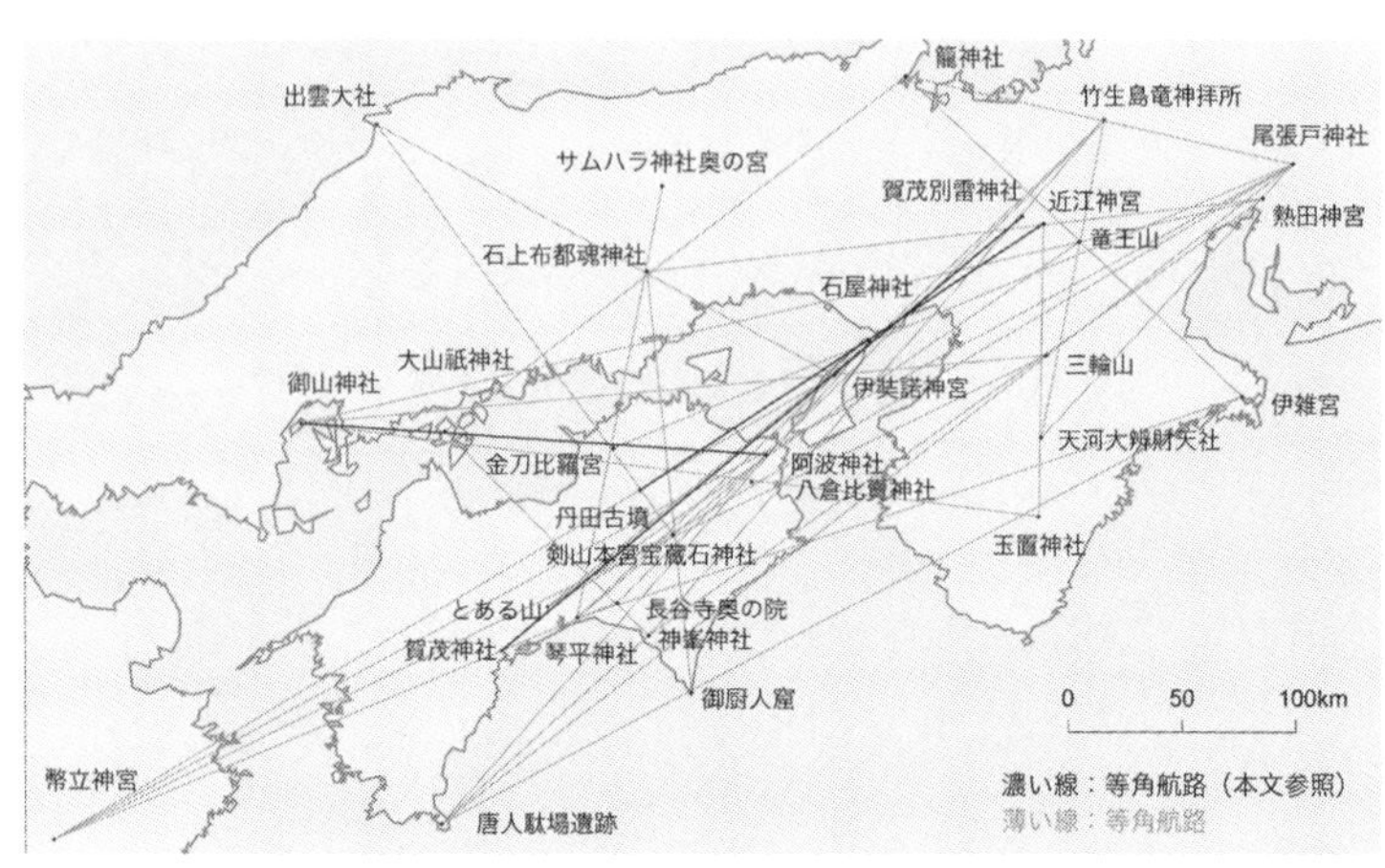

図 26　西日本の聖地 31か所がつくるレイライン

点には、石上布都魂神社が鎮座しています。

したがって、シリウス―ベテルギウス―プロキオンの三角形において、竜王山と石上布都魂神社は対を成しています。

熱田神宮と金刀比羅宮、丹田古墳は、聖地が結ぶ経路上に並びます。金刀比羅宮は、尾張戸神社と石屋神社を結ぶ経路上、かつ、サムハラ神社奥の宮、石上布都魂神社と琴平神社を結ぶ経路上にも並びます。琴平神社は、竹生島竜神拝所と石屋神社、伊奘諾神宮を結ぶ経路上にも並びます。

精妙な調べが聞こえてきそうな配置です。

さらに、西日本の聖地31か所がつくるレイラインです（図26）。聖地間の距離が短いものや他の経路の一部となっているものは除き、1本の経路上に3か所以上の聖地が並ぶ36本を図示しましたが、シミュレーションの結果、無作為に31か所選んでこれほど多くのレイラインを引くことのできる確率は、5万6千回に1回実現する程度でした。

共に賀茂別雷大神を祀る賀茂別雷神社と賀茂神社、昭和天皇が祈りを捧げた御山神社と昭和天皇の意向で造営された阿波神社(徳島県鳴門市・土御門天皇)が、レイラインを形成しています。

また、神域にスターゲートがあるといわれる近江神宮とスターゲートである丹田古墳も、レイラインを形成します。

なお、等角航路と測地経路では、2地点が東西に離れるほど、道筋の違いが大きくなります。東西に離れた聖地が測地経路上に並ぶことは少なく、仮に測地経路で考えると、図中のレイラインは36本から25本に減りますので、これらの聖地については、位置関係が等角航路を基本に構築されていると考えられます。

ここで、磐座や巨石群、古墳があることや、山頂であることの多いこれらの聖地が、図25、26のように半径1キロメートルの誤差を許して星々の位置関係を形成し、等角航路上に3か所以上並ぶ意味について検討してみました。

最初に、そのような位置関係を取り得る確率を求めたところ、31か所の聖地全てが許容範囲内に位置する確率は、10のマイナス71乗より小さいという結果でした。これは、サイコロを92

回振って全て1の目が出る、しかし、93回目はどうなるか分からないという程度の確率ですから、何らかの意図か仕組みの介在を考えざるをえません。

そこでまず、人の意図の介在については、人がその時々に「土地のエネルギー」を感じ取って、図らずも位置関係が確立してしまった可能性と、表立っては知られていない「土地のエネルギー」に関する知識が存在し、その知識に基づいて、あらかじめ設計されたとおりに定めていった可能性とを考えました。どちらも、それなりに説明がつきそうです。おそらく、両者に対してそれぞれ高次の意識の働き掛けがあって形成されたのでしょう。

ところが、聖地に山頂（山地には頂が多いため、聖地から0・5キロメートル以内とした）の多いことに目を向けると、これだけでは説明のつかないことに気が付きます。仮に地形と無関係に位置関係を定めれば、これほど都合よく聖地が山頂に行き当たることはないからです。

そうなると、山を人為的に造成したか、山が自然の力で幾何学的に意味のある位置関係にできたか、どちらかだということになります。

造成の噂があるのは三輪山（467メートル）と尾張戸神社（東谷山198メートル）くらいで、それ以外の山頂には剣山本宮宝蔵石神社（剣山1955メートル）、長谷寺奥の院（577

メートル）、神峯神社（神峯山569メートル）、御山神社（弥山535メートル）、石上布都魂神社本宮（270メートル）があります。そのほか、竜王山（605メートル）─玉置神社（玉置山1076メートル）─金刀比羅宮（象頭山538メートル）が90・0度を形成しているのが、3か所とも山頂です。竹生島（197メートル）も山頂になりますが、たまたまそこにあるようには思えません。何しろ、日本列島という龍体の子宮に相当する琵琶湖に、大きさ300メートルの黒雲母花崗岩の一つ岩が立っているのです。

やはり、地形の成立には、地質の分布とは別の階層で響き合う、幾何学的なエネルギーの型の影響を考えない限り、私自身を納得させることができません。一九九七年七月中頃、よその星で説明を受けた「土地と土地の間の音と光の幾何学」とは、これのことだったのかなとも思います。

結局、地形には幾何学的なエネルギーの型が反映されており、それに意図的に、あるいは意図を超えた導きを受けて、巨石群や古墳、場合によって磐座も築きながら「土地のエネルギー」を強化していった結果、聖地どうしの幾何学的関係が構築されたのではないかと考えるようになりました。

幾何学的なエネルギーの型は、星々とも、地球に生を受けた魂たちの意識とも、分かち難く結びついています。特に、適切な時機に捧げられる祈りに対しては、敏感に反応して再構成されるため、それを無意識に知っている私たちは、導かれるようにしてエネルギーの結節点である聖地で祈りを捧げるのです。

「土地のエネルギー」の強化を考えるうえでは、聖地31か所中11か所の地質が、花崗岩類であることも見逃せません。日本で花崗岩類が露出しているのは、面積の約12パーセントですから、無作為に31か所選んで11か所以上が花崗岩類の地質となる確率は0・06パーセント、1600回に1回実現する程度の確率でしかありません。

つまり、聖地に花崗岩類の土地が多過ぎるのですが、ピラミッドなどの巨石遺構を花崗岩や玄武岩といった常磁性の強い物質で構築するのは、世界中で活用されてきた方法ですので、当然と言えば当然なのかもしれません。

このように検討してみると、聖地の位置関係は一層不思議に感じられます。そして、これらの場所を夢で見たことなどを理由に訪れていたことに、改めて世の仕組みの精妙なることを思うのでした。

ここで紹介した地図は私に独特のものですが、それは、私たちが足を踏み入れる場所も頻度も、一人一人異なっているためです。「湧玉誕生」と「天皇の龍の誕生」には、これらの土地のエネルギーが必要だったのでしょう。

一方、全ての土地は神聖で、人はそれぞれのやり方で地球と精気を交わしながら自分の地図を形作り、地球自体のもつ幾何学的なエネルギーの型とそれらの共鳴が、この惑星のエネルギー網となっていることも、忘れてはならないと思います。

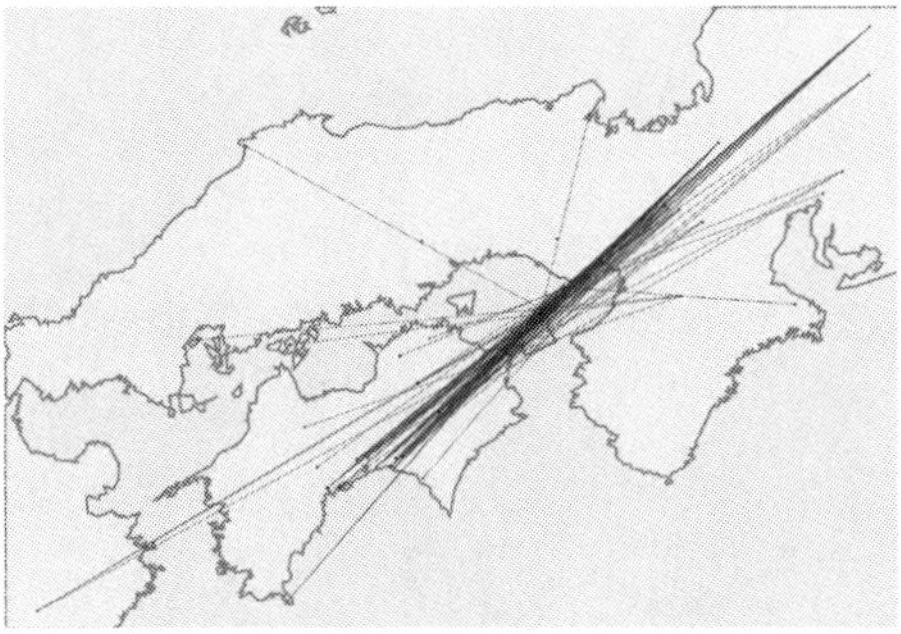

図27　淡路島のレイライン 88本(西南日本)

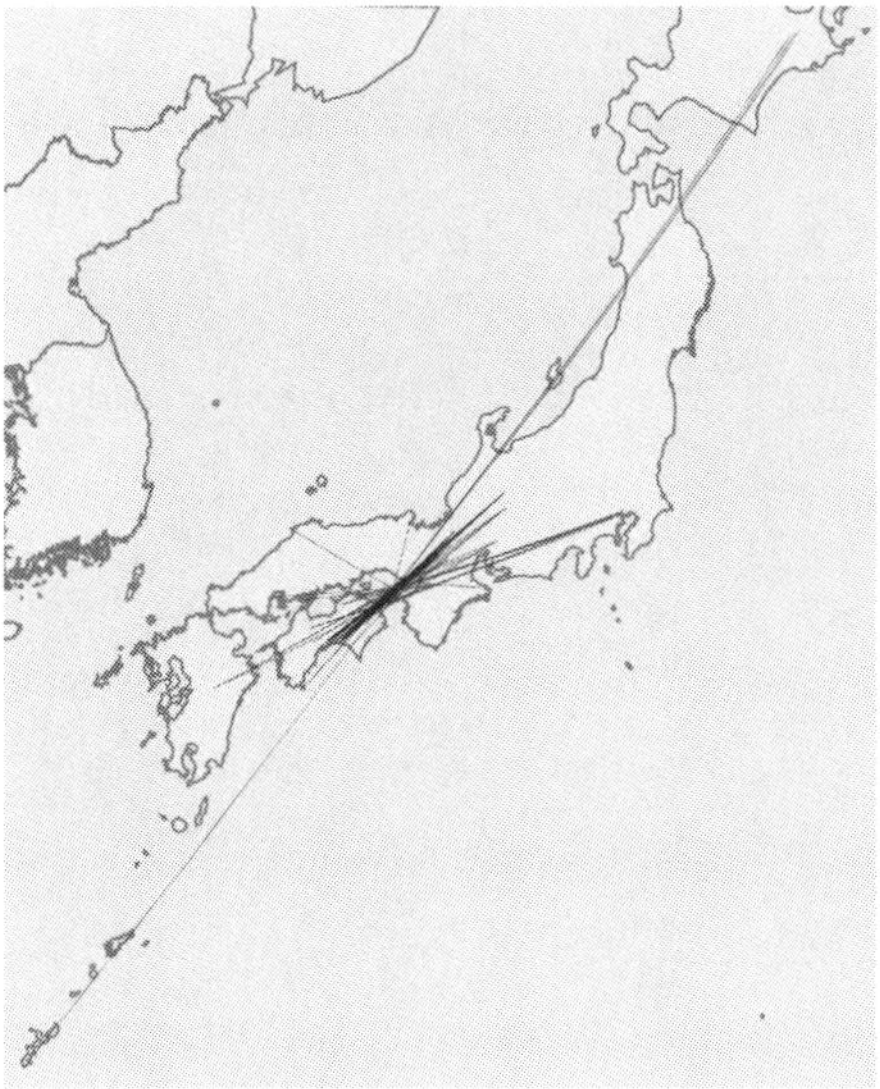

図28　淡路島のレイライン 100本(日本)

最後に、淡路島のレイラインです。夢の中で80～１００本ほどに見えたレイラインの束（P

168）の視覚化を思い立ちました。

まず、西南日本（糸魚川・静岡構造線の南西側）のレイラインが、淡路島を通過するものを一本一本点検して図示しました（図27）。岐阜県、滋賀県、京都府と徳島県、高知県は、淡路島を挟んだ反対側にあり、行った場所も多いために本数が多くなっています。

全てを入力し終えて数え上げると、聖地は43か所で、レイラインは88本ちょうどでした。本数が、ぞろ目であった驚きは、分析した日が二〇二〇年八月八日と、ぞろ目の日であったことで倍増しました。

次に、北海道、東京、沖縄の聖地を含めて図示しました（図28）。韓国の聖地も検討しましたが、私の訪ねた聖地とは淡路島のレイラインを形成していませんでした。

作業を終えて数え上げると、聖地はちょうど50か所でレイラインは100本でした。もう、この時は驚きませんでした。

数字のキリが良くなることをどう捉えるのが適切なのか、つまり、88や50、100といった値には何か意味があって、順当な結論に至ったと言えるのか、あるいは、値には格別の意味はないけれども、意味合いを探りたくなるような値になっただけなのか、そのあたりは計りかねます。

いずれにせよ、二〇一九年三月三十日に統合し終えたレイラインの束は、おおむねこのとおりだったのだと思います。

スメラミコトのカルマ

土御門上皇と七つの封印

一九九七年七月初めに、ある女性が手結の周辺に施された七つの封印を解いている光景が浮かんできたことは既に紹介したところ（P57）ですが、実は最近になって、封印を施したのは土御門上皇であることを知らされました。一一九八～一二一〇年まで在位した第83代天皇です(表)。

封印されたのは、平安時代の最後、一一八五年の壇ノ浦の戦いにおける第81代安徳天皇の入水を引き金に底が抜け、そこから鎌倉時代に入って、一二二一年の承久の乱に至るまでに噴き出したカルマです。封印が七つであることは、北斗七星とも関係します。カルマの起源はシュ

一二二三 一二二一	一二一〇	一一九八	一一八五
承久の乱			壇ノ浦の戦い

81 安徳
82 後鳥羽
83 土御門 → 阿波国へ 土佐国へ
84 順徳

表　壇ノ浦の戦いから承久の乱まで

メール文明をさらにさかのぼり、スメラミコトや十六皇統の御魂と関わりながら蓄積されてきました。

　このカルマが浮き上がってきた当時は、言い換えれば、働き次第でこのカルマを乗り越えることのできる「時の運」が到来していたのですが、過去にもそのような機会の度に失敗を重ねてきただけあって、第82代後鳥羽、土御門、第84代順徳の3人のスメラミコトをもってしても対しきれず、押し寄せるカルマに飲み込まれてしまったのです。やはり、ある種の生命体である時流を御することは、そう簡単ではないということだと思います。

史実とされることに照らしても、この頃は皇室にとって大きな出来事が続けて起きています。

・正史上、初めて2人（安徳天皇と後鳥羽天皇）が同時に皇位に就いた

・壇ノ浦の戦いの混乱で、三種の神器の一つ天叢雲剣（あまのむらくものつるぎ）の所在が分からなくなった
・後鳥羽上皇が、皇室の紋章を現在の十六葉八重表菊（じゅうろくようやえおもてぎく）に定着させた
・順徳天皇が、天皇自身に関わる故実作法を後世に伝える『禁秘抄』を著した
・承久の乱を境に朝廷の権威が弱まって、以後６００年以上続く武家政権の優位が決定的になった

ずいぶん、特殊な時期であったことが分かります。

なお、安徳天皇の壇ノ浦での入水には、身代わり説や崩御説がありますが、入水を生き延びて、阿波国から土佐国へと行在所を遷しながら、最後には別府山と呼ばれた横倉山の別府の都で崩御したのが、本当のように思っています。もっとも、カルマの底を抜く役割を果たすことのできる人物、純白の龍が守る横倉山の陵墓参考地の荘厳な空気を醸し出すことのできる人物が、ほかに想像できないのが理由ですから、その任を背負えるだけの魂がほかにあったならば、結論も変わる話です。

実はこの頃に、土御門上皇が自身の役割、不可視の世界における惑星的規模のスメラミコトに関わる役割を果たせていれば、承久の乱は起こらずに済んでいたようなのです。乱の前には、

後鳥羽上皇を、「今はその時ではありません」といさめようとしていますが、実際には役割を果たせずに乱が起こり、朝廷が幕府と争って敗れた結果、父の後鳥羽は隠岐国へ、弟の順徳は佐渡国へと流されます。

父と弟とが流される中で、自分だけが京に残るわけにはいかない。上皇は幕府に願い出て、一二二一年に土佐国へと流されます。道中で吹雪に往生した際は、

「うき世には　かかれとてこそ　生まれけめ　ことわりしらぬ　わが涙かな」

（このような運命を承知で生まれてきたはずなのに、その道理をわきまえない私の涙よ）

と詠んでいますから、役割を果たせずに終わった場合に起こる世の出来事についても、ある程度は覚悟していたのではないでしょうか。上皇にとって、承久の乱における自身の失敗は、魂に刻み込まれる苦しみだったと思います。これについては感応しましたから、よく判ります。ここまでの半生で、最も多くの涙が流れ出ました。

ただし、上皇は、残りの人生をただ失意のうちに過ごしたわけではありません。失敗に終わった役割を後世で果たすべく、その秘策として必要な全てを手結（図29）の周辺7か所に封印したのです。

封印の最初の一つは、京から土佐国へと入った際に、残りの六つは土佐国から阿波国へと向

かう時に施されていて、ここでも「天皇（すめらみこと）の龍の誕生」の場合と同じく、一つと六つの和で七つとなっています。

最初の一つは、長谷寺の建つ山の頂にある奥の院（図29）でした。

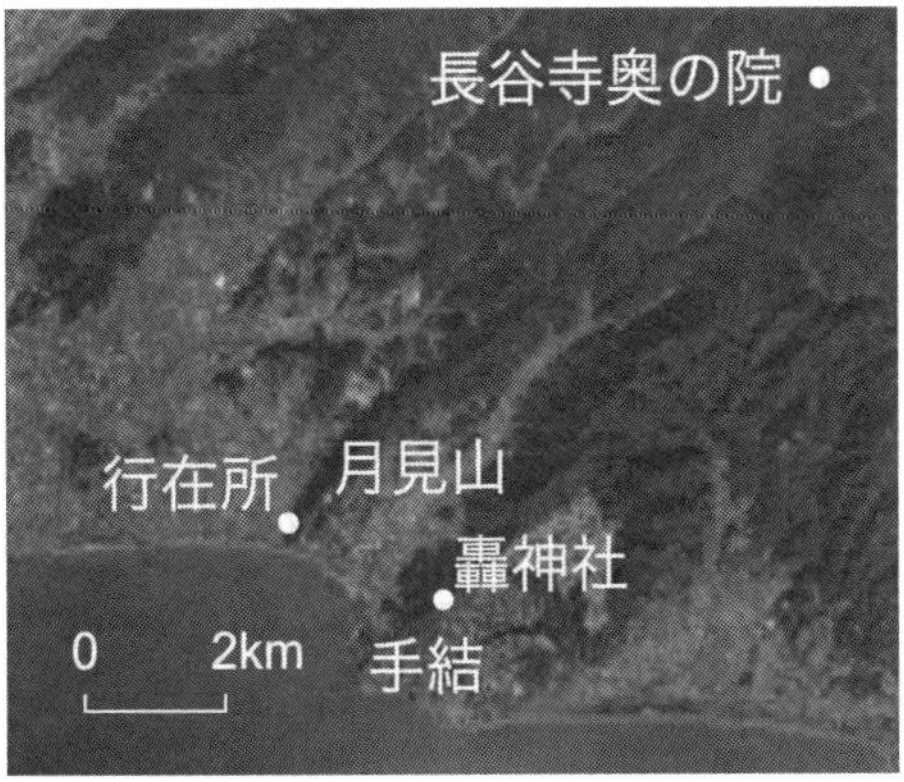

図29　高知県香南市の行在所付近

実際に訪れて判ったのは、上皇が、自分の犯した失敗がいかに深刻で取り返しのつかないものだったのかを悟り、まさに切実な思いで山頂を目指していたことです。自分の失敗によって子孫である後の天皇に引き継がれることになったある種の機能不全は、後の天皇には解決する「時の運」がもたらされないことを知ってしまいました。それでは、後の天皇には解決しようがありません。いったいどうすればよいのか。答えを求めて、山の頂で全身全霊の祈りを捧げます。全てを終えた上皇は、祈りによって、後世での解決に至る最初の礎が築かれたことを理解し、そこで初めて透明な心境に至ったのです。

時代を超えてその真摯な思いに触れた私の体は、全身の細胞が反応し、あふれる涙を拭いながら下山しました。

この場所と、「湧玉誕生」の火蓋が切られた琴平神社、「天皇の龍の誕生」の始まりの伊雑宮は、等角航路上にも測地経路上にも並んでいます（図26）。私は、これら3か所には共通して「始まり」の意味合いがあったことに気が付くと、はっとして思わず心の中で手を合わせずにはいられませんでした。

最後の一つは、轟神社（P67および図29）でした。

神聖さと、醜く恐ろしいものの双方に向き合うことが必要で、上皇と10代前半の少女、40歳前後の男性の３人による祈りによって施されています。土佐国から阿波国に移る年、手結からわずか2キロメートル余りの行在所（図29）で過ごした一二二三年のことだと思います。

一九九七年七月初めに、スメラミコトのカルマの封印を解いた女性は、この少女です。８００年近くの間、とてつもなく神聖なものは、とてつもなく醜く恐ろしいものによって守られていたのです。神聖さに臆することのないことは、醜く恐ろしいものから眼を逸らさないことと、よく似ています。

「天皇の龍の誕生」を経て、一九九七年以来二十数年ぶりに轟神社を訪れた時には、その場に様々な色調に彩られた光が降り注ぎました。まるで天の祝福を受けているかのようで、ただただ素朴な喜びに満たされたのです。

このような理解が進むにつれて、上皇は秘策、つまり、「この局面を打開すべく古から計画されたとおりの状況」（P77）について、きっと私が読めば分かるように書き残しているはずだと考えるようになりました。その状況では、賀茂神社において、月の天地、太陽の天地、巨大な鳥居の三要素が揃い、月の天地と太陽の天地を前に、地球が巨大な鳥居をくぐり抜けたのでした。

岩井宏子著『土御門院句題和歌全釈』（風間書房）で、上皇が土佐国滞在中に著した『詠五十首和歌』二組に目を通すと、確かにそれと分かる歌が残されていました。それも、私の想像をはるかに超える周到な緻密さに基づいてです。

前半第39首は、月の天地。

法のしに　まよへる道を　たづねてぞ　野寺の月に　ひとりかへりし

役割を果たせずに道を失い、御仏を求めて訪ねた古刹で後世への秘策の糸口を見いだした上皇は、透徹した月の光の下を帰ります。「法のし」は仏法の師で、ここでは御仏。「野寺」は古刹で長谷寺。行在所の横の山が月見山（図29）と呼ばれるのは、上皇の観月に由来しているほどで、上皇にとって、月は内なる神と向き合うための特別な存在だったのです。

後半第39首は、太陽の天地。

窓ちかき　むかひの山に　霧晴れて　あらはれわたる　ひばらまきはら

行在所近くの山頂にある轟神社に秘策を封印し終え、晴れ晴れとして、やがて来る世をたたえます。「霧」を晴らすのは太陽。やがて「霧」であるカルマが祓い清められると、聖なる世界「ひばらまきはら」が現れます。「ひ」はヒノキで日の木、「まき」はマキで槙と書く真木であり、槙寺とは長谷寺の別名です。土佐国では、多くの社寺でヒノキとイヌマキが大切に植えられています。

この2首は、共に第39首であるだけでなく、他の歌と比較して清かさの際立つ点が共通しており、なおかつ、月と太陽にして封印の始めと終わりである対比、内面の透き通った静けさと景観の堂々たる雄大さとの対比が鮮やかです。

前半第50首は、巨大な鳥居。

我もしり　我もしられて　年はへぬ　みぎりにうゑし　ふたもとの松

上皇が、天啓によって知った秘策が知られるのは、長い年月を経た後のこと。それは上皇と上皇を知る者との、二者の働きが一つになって成し遂げられる秘策です。「みぎりにうゑし」は、「ふたもとの松」である上皇の秘策が、天の定めたまう時機に確かなものになった意。「ふたもとの松」は、上部で一つに合わさる木製の鳥居でもあり、「松」は秘策が知られる時を「待つ」と同時に、永遠の象徴であることは、賀茂別雷大神の「私は永遠の瞬間よりこの時を待っていた」という言葉（P78）を思い起こさせます。また、上皇が行在所で好んで眺めたのは、霊気漂う老松の上に懸かる月だったと伝えられています。

後半第50首は、最後ですから総括です。

年へても　老せぬ門を　さしてけり　空に月日の　すまん限りは

長い年月を経ても、空に月と太陽の輝く限りは、スメラミコトの祈りが果たされるでしょう。

「老せぬ門」は上皇のいた大内裏の門で、当時、その内側は天上に通じる別世界として認識されていました。そこを「さして（閉じて）けり」とは、スメラミコトの祈りの場が守られること。上皇はやはり、天皇ですね。全釈の著者は、「空に月日のすまん限りは」を、「澄み渡った空に輝く月と太陽の如き尊い天子が住んでいらっしゃる限りはの意」としています。

この二つの第50首は、共通して天皇について詠んでおり、「松」で地上を、「空に月日」で天上を詠んで対になっています。

そのほかに、承久の乱の悲嘆に関わる歌が2首あります。

前半第34首。

夢かとよ　わかれし袖の　涙より　ふた秋かけて　露のかわかぬ

これは夢ではないだろうか。別れの時に袖を濡らした涙が2年経っても乾かないのは。承久の乱から2年目に、癒えることのない悲しみの様子を詠んでいます。

後半第34首。

あかざりし　みやこをこふる　涙こそ　つひにこしぢの　雪ときえしか

飽くことなく都を思って流した涙も、ついに北国の雪となって消えたことだなあ。

いつ果てるとも知れなかった悲嘆が、融けてなくなる雪へと昇華された、つまり、癒やされる見通しがついたことを詠んでいます。

これら二つの第34首は、前半で悲しみの癒える見通しの立たない様子を、後半で悲しみの癒える見通しを詠んで、また、「わかれし袖」で人間社会を、「雪」で自然界を詠んで対になっています。

打ちひしがれた上皇が、土佐国にやってきてから詠んだこれら6首を配列順に概観してみます。

前半は、第34首で癒えることのない悲しみを詠み、第39首で迷いの中に光を見いだしたのが、第50首で後世を見越した揺るぎない安心へと開けています。後半は、第34首で悲嘆の癒える見通しを詠み、第39首で天皇の一人としての自身の働きを、第50首で天皇の幾久しい働きを詠んでいるのです。

全体を通して、上皇の意識が個人の一時的混迷から悠久の大いなる言祝(ことほ)ぎへと昇華されていく様子がうかがわれます。文芸の分野ではありますが、配列から内容に至るまで重ねられた相似と対称の律動には、秘められた意味の深さと相まって、幾何学的な美しさが感じられます。

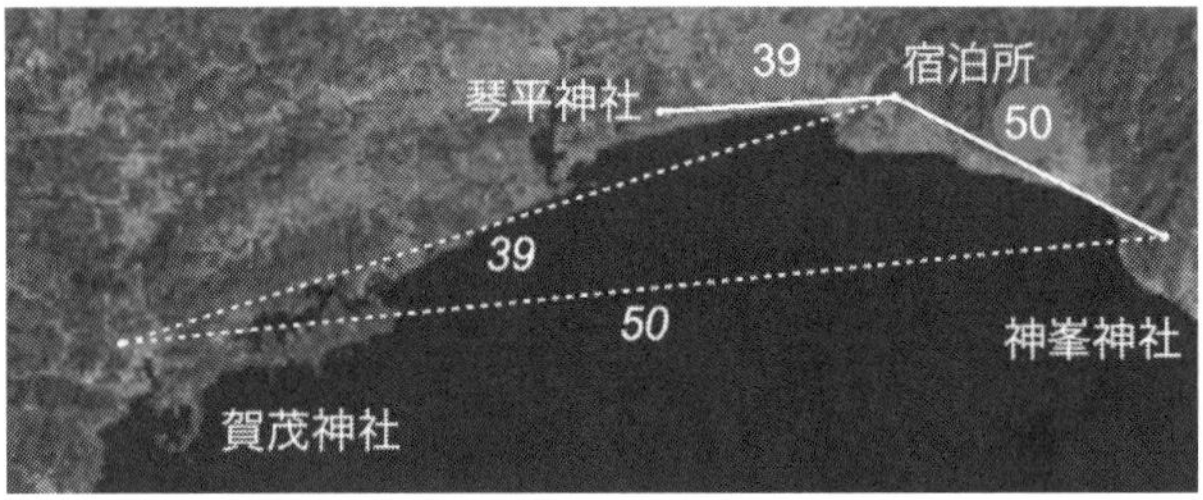

図 30　湧玉誕生に係る地点間の距離比 50:39

なお、歌の順の39と50についてですが、これらは距離の比となっているという直感が働いたので調べると、「湧玉誕生」に係る重要な節目、一九九七年七月二十日に、一行が出発した宿泊所から一つ目の行き先の琴平神社までの距離と、宿泊所から二つ目の行き先の神峯神社までの距離の比に当てはまりました（図30）。これは、ほんの2、3分で探り当てました。何しろ秘策に関わる場所など、ごく限られているのです。

また、賀茂神社から宿泊所までの距離と、賀茂神社から神峯神社までの距離の比にも当てはまっていました。

直感どおりだったことには不思議を感じませんが、魔法のようだと思いました。こんなことは、上皇が歌を詠んでから８００年近く後の宿泊所の位置が、東西わずか90メートルの範囲に収まらなければ成り立たないのです。

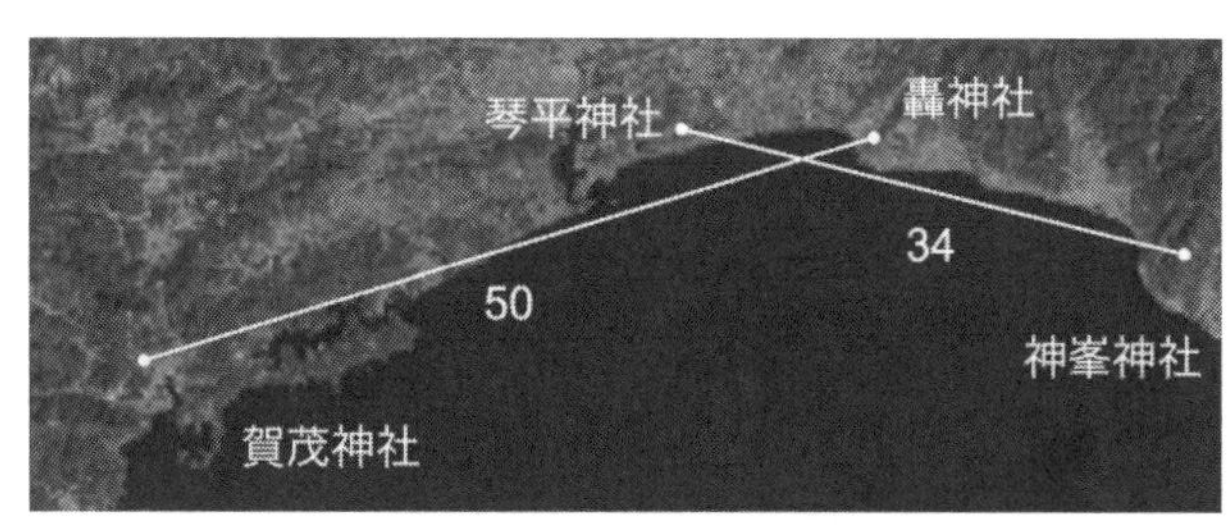

図31　湧玉誕生に係る地点間の距離比 50:34

また、歌の順の34と50も、琴平神社から神峯神社までの距離と、賀茂神社から最後の封印を施した轟神社までの距離の比になっていることを確認しました（図31）。

これらの歌の順が、湧玉誕生に関わる地点間の距離比になっている事実を前に、驚きと困惑を隠せませんでした。土地と数との間には、いったいどのような摂理が働いているというのでしょうか。何か知ってはいけないものを知ってしまったような気になりました。

ところで、一九九七年に、私を手結の奥での集いに誘ってくださった（P57）のは、治療院を経営していらっしゃる方でした。

一九九九年の秋、私は1か月以上続く体のしびれに耐えかねて、その方の治療院へと向かいました。途中で賀茂神社に参拝したところ、精霊の存在が間近に感じられ、また、いつもの黒い怪物が背後から私の首筋に左手の、腰に左足の、右肘に右手の爪を突き立てている様子を感じ取りました。爪は、かなり深く体に食い込んでおり、しびれの原因となっていたのです。

治療院での受診中、私たち2人は、精霊からサナンダの言葉を伝えられます。

このしびれは　この者（私）だけでなく
あなた（その方）とも関わりがあります
だからあなた（私）は　ここに来ました
今　一つのカルマが　その働きを終えようとしています
それは　あなた方には　スメラミコトのカルマと表現すれば理解されやすいでしょう
どのようなカルマであるかは　あなた（その方）に判ることはないかもしれませんが
私たちは　あなた（その方）が判るか判らないかということには関心がありません
重要ではないのです
この事と関わる存在たちとは　雷を通じて繋がりがあります
雷は天と地を繋ぎます
しかし　あなた方には　土を通じて繋がっていると言ったほうが理解しやすいでしょう

当時は、意味するところが理解できず、呆気に取られるばかりでした。

今は、黒い怪物が賀茂別雷大神の姿の一つであることも知って、賀茂別「雷」大神の関わる「土」佐の「土」御門上皇に繋がる、そして日本列島という「土」が龍を生むカルマだったのかと理解しています。

13名、13個の穴がある磐座、13文字の祝詞、13日間など、次々と13が出てくるのは、「土佐（とさ）」が、数において十三（とさ）だからでしょうか。

湧玉誕生と天皇（すめらみこと）の龍の誕生

ここで、「湧玉誕生」を概観します。

一九九三年頃から、湧玉は不可視の世界における地球の中心であるからこれを守り抜き、決して他のものを混ぜ込まぬようにと教わります。

一九九〇年代半ばには、アシュターなど高次の意識体から、一九九七年七月が地球の次元上昇の重要な分け目であることを知らされました。

一九九七年五月、何か壮大なスケールの抜き差しならぬ物事が動き始めたことを感じます。

同年七月初め、上皇と共に封印を施した少女の魂を継ぐ女性によって封印が解かれ、これはいわば包みが解かれることですから、中身であるカルマの舞台装置が表に現れます。

同月中頃、私はよその星の天皇に当たる存在から招かれ、今回の人生が地球での数々の人生の集大成として計画されていることを知らされます。

同月十九日、山中の神社に詣でます。そこは封印が施された、まさにその場所でした。

同月二十日、十六皇統の御魂が集まって火蓋が切られ、黒い鎧姿の武人たちが私たち13人のうちの3人の首をはねたことを引き金に、812年ぶりにカルマの底が抜けました。地獄の底が抜けたようなものです。

天体運行上、湧玉と地球に存在する魂たちとの相互作用が可能な13日間の初日であるこの日、私たちは、すっぽりとはまり込んだ自我の罠、重く暗い恐怖に直面し、その結果、決して他のものを混ぜ込まぬようにと教わっていた湧玉に、濁りと重みが組み込まれます。

同月二十二日、七月初めに封印を解いた女性は、磐座に上がるとすぐに激しく嘔吐して昏睡状態に陥ります。積もりに積もったカルマの執念のすさまじさを思い知らされました。

同月二十四日、祈りと瞑想を通して湧玉の濁りと重み、すなわち傷が癒やされました。

この日から、起きている間中祈り続けた3人は、互いに、魂からの祈りがしぶきと共に白くほとばしっていることを感じます。

同月二十七日、この局面を打開すべく、古から計画されたとおりの状況が訪れたことを理解します。それは、カルマを乗り越えるべく土御門上皇が設定した秘策でした。最も強く影響を受けている二つの天体、太陽の天地と月の天地を前に、地球が巨大な鳥居をくぐり抜けると、湧玉誕生の基となる白い波動の渦、愛の実体が生じました。賀茂別雷大神は、この時を永遠の瞬間より待っていたのだと告げました。

この日から、意識は愛の実体に中心を置くようになり、尋常ならざる高まりを体験します。この頃は、どこに行ってもグノーの『アヴェ・マリア』を耳にしました。

八月一日、天体運行上、湧玉と地球に存在する魂たちとの相互作用が可能な13日間の最終日であるこの日、たくさんの宇宙の兄弟たちが見守る中で湧玉誕生、全き愛による湧玉の生まれ変わりが実現します。

それは、二〇一九年の「天皇(すめらみこと)の龍の誕生」へと繋がりました。

一九九八年三月二十一日、「スメラミコトのカルマを担わせてください」という言葉が、口をついて出ます。意味は分からないものの、胸の内には静かで確かな決意を感じます。

「スメラミコトのカルマ」という言葉を認識したのはこの時が初めてで、一九九七年の湧玉誕生に係る一連の出来事もスメラミコトのカルマの一部であったことに気付いたのは、ごく最近です。今は、「妄想を誇大にしてはならない。常識外れだといって否定してはならない」という観点で、比較的落ち着いて自分自身の思考や感覚を吟味していますが、以前であれば、大それているという意識のために、そのままには受け止められなかったと思うのです。「湧玉誕生」は、スメラミコトのカルマの一つ目でした。

ここからは、スメラミコトのカルマの二つ目、「天皇の龍の誕生」を概観します。ムーが終わる前に、やがて時が訪れたときに地球が回復する手掛かりとすべく、地球の核へと打ち込んだ祈りの楔（P97）や、レムリアの時代から自らを封印していた龍（P171）も関わりますので、少なくとも数万年がかりの話です。いくつもの人生をかけて、様々な要素が成熟し、過不足なく一点で交叉するこの時機を待って取り組んだのです。

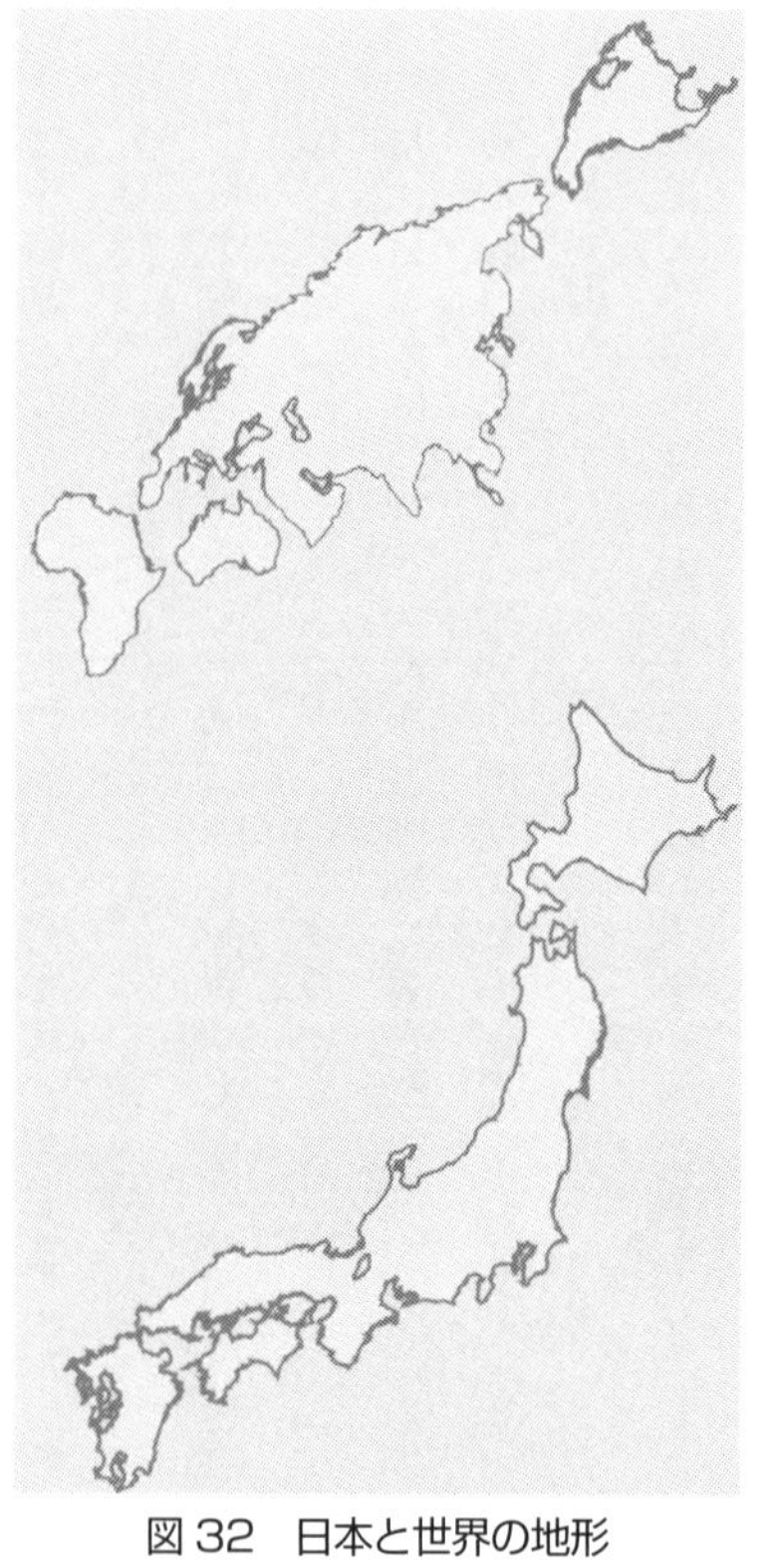

図32　日本と世界の地形

二〇一八年十二月十七日、神社を訪れようとしている夢を見ます。爽快で、久方ぶりに始まる神ごとの始まりを高らかに告げるファンファーレのように感じられました。

二〇一九年一月五日、対象に全てを開いた生き方に触れます。

同年同月十二日、いかにスメラミコトの御魂が大切に守られてきたのかを知らされます。それは、命懸けでありながらも喜びに満ちて、明るい心持ちでなされていました。

二月二日、地形的に世界のひな形である日本列島（図32）、その日本列島という龍体の子宮である琵琶湖の受精卵に相当する花崗岩の一枚岩、竹生島（図33）において、勇壮な黒龍と壮麗な白龍の間に、たくさんの黒龍たちが玉を成してうねり合い、天皇の龍を生む場の基が生成されました。

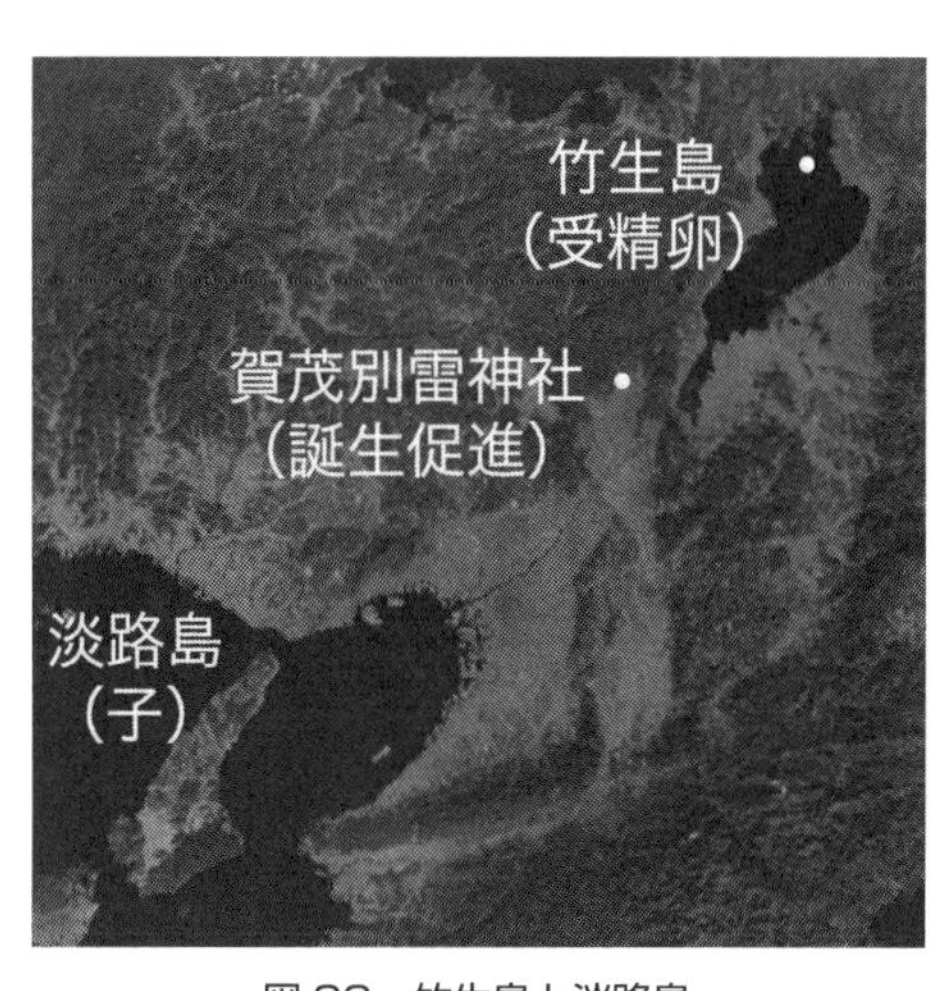

図33　竹生島と淡路島

同月四日、京都御所の上空に巨大な龍雲が出現（Ｐ１６３）します。やがて生まれる天皇の龍の姿が、あらかじめ示されたのです。また、琵琶湖から流れ出る唯一の河川、淀川の支流のほとりにある賀茂別雷神社（Ｐ１６３および図33）に詣でました。淀川は、龍体の産道に当たりますから、受精卵を産道へと導く意味があったのだろうと思います。

三月一日、龍の受胎期を定めるプログラムの発動時間を、三月〇〇日の16時と設定していました。〇〇の字は見えません。

同月六日、淡路島のレイラインの束を統合しようとしています。淡路島（図33）は、地形的に日本列島という龍体が産んだ子に相当します。ここに集束するレイラインの束は、龍の受胎期を定めるプログラムの発動までに統合しなければなりません。

同月十日、淡路島のレイライン統合の仕上げの場所を知らされます。広島の宮島でした。

同月十一日、白金の龍穴訪問を保江先生と打ち合わせると、レムリアの真珠色の龍たち6体が、長い眠りから目を覚まし始めました。

同月二十四日、白金の龍穴でレムリアの真珠色の龍たち6体が保江先生に、壮麗な白龍1体が松久先生に受け渡されました。レムリア沈没の原因になった怒りと嫉妬が、壮麗な白龍の助けの下に解放されます。

同月二十七日、広がりのある喜びに満ちたエネルギーを、自分の左側に感じました。松久先生の御魂のエネルギーです。この日から、ヴァヴィロフの『アヴェ・マリア』をひたすら聴くことになります。

同月二十八日、動じることのないエネルギーを自分の右側に感じました。保江先生の御魂のエネルギーです。

同月二十九日、「底なしの闇に降りる強さをもつ者こそが光を生む」と霊感を受けます。

同月三十日、淡路島のレイライン統合の仕上げの場所に足を踏み入れた瞬間は、龍の受胎期を定めるプログラムの発動時間である三月三十日16時ちょうどでした。ここに、両者は一体であることを理解します。

御山神社での祈りでは澄み切った湧玉が現れ、左側からは松久先生の御魂、広がりのある喜びに満ちたエネルギーと共に壮麗な白龍1体が、右側からは保江先生の御魂、動じることのないエネルギーと共にレムリアの真珠色の龍たち6体が、同時に湧玉の中へ飛び込みました。

同月三十一日、7体の龍の入った湧玉が、胸の中心に浮かんでいるのが分かります。幻のように現れた皇后さまから、言葉を賜りました。

四月一日、皇族方が勢揃いして、何かの誕生を待つ様子で7体の龍の飛び込んだ湧玉を見つめておられました。新元号令和の発表。

同月三日、湧玉の上方に、勇壮にして壮麗な、7体の龍全ての属性を兼ね備えた龍が浮かんでいました。皇太子殿下の虹の龍。龍の受胎期を定めるプログラムの発動によって誕生した龍です。

同月六日、皇太子殿下、保江先生、松久先生が、それぞれの龍と共に三角形を形成します。

同月七日、湧玉は、私の胸を離れました。統合された淡路島のレイラインの金龍によって、皇太子殿下が聖別された湧玉と共に天に上られます。

同月十八日、天皇、皇后両陛下が豊受大神宮・皇大神宮で譲位を奉告なさいました。

同月十九日、天皇陛下の虹の龍が天に還りました。譲位を奉告なさった明くる日の、満月の夜のことでした。

同月三十日、天皇陛下譲位。平成最後の日です。

五月一日、天皇陛下即位。令和最初の日です。龍の気配が立ち込めていました。

同月十一日、彩雲が日本列島の形になって、「日本が虹の龍になった！」と驚きました。

九月十四日、帝の龍を生むのは、天の龍たる賀茂別雷大神であると告げられました。

同月十九日、大正時代の御山神社において、地球の全ての責任を負う心境で捧げられた昭和天皇の祈りが、三月三十日の御山神社での祈りの基盤となっていることを知らされました。

同月二十日、天皇の龍の誕生の状況を予見していたかのような詩を、陶彩画の作品『平安』に見つけました。

天皇（すめらみこと）の龍とは

最後に、私が認識している天皇（すめらみこと）の龍の性格について説明します。

ここでの天皇とは、地球の全ての存在の弥栄を分け隔てなく祈る存在としての、また、地球を自らの体と感得して宇宙を運行する存在としての天皇です。

天皇の龍の誕生を成功させるには、それに対して自分の全てを開き、命懸けでありながらも喜びに満ちた明るい心持ちで臨むことが必要でした。

次いで、天皇の龍の生まれる場の基が、日本列島という龍体の子宮である琵琶湖の受精卵に相当する花崗岩の一枚岩、竹生島において形成されます。

さらに、龍体の子に相当する淡路島に集束するレイラインの束が統合されました。これは、日本各地の聖地と、そこで捧げられた祈りのエネルギーの束の統合であって、龍体の子が帯びるエネルギーの性質を決定づけました。その性質とは、日本列島です。その証拠に、天皇の虹の龍が誕生した後で、彩雲が日本列島を象って虹の龍となっています。日本列島に龍を生む力があることなど、実現するまでは思いもよりませんでしたが、生まれた日本列島の龍とは、ひいては日本列島と相似形である世界の、地球全体の龍だということです。また、龍が虹色であることは性格を端的に表す重要な点で、色から色へと全てを偏りなく内包します。

それから、竹生島にも淡路島にも、聖地の成す幾何学的位置関係（図25）によって星々から地球に届けられるエネルギーが集束されていること、レムリアの龍たちがシリウスに起源をもつこと（P１７１）も要点です。

天皇の龍が地球全体の龍だということを、違う側面から説明しましょう。

私が携わったスメラミコトのカルマは「湧玉誕生」と「天皇の龍の誕生」でした。その結果、天皇の龍は、地球の内奥の中心である湧玉の上方をゆったりとたゆたっています。

全き愛によって生まれ変わった湧玉は、惑星の創造の源泉であるうえに、ある側面においては、惑星を守る龍の魂でもあるのです。

それがために、天皇の龍は7体の龍が飛び込んだ湧玉から生まれました。

この意味において、この度生まれた天皇の龍は、湧玉の龍なのです。


これまでの地球においても、天皇の虹の龍は、大変に崇高で神聖な存在でした。しかし、湧玉の龍ではなかったために、湧玉のそばをたゆたうことはありませんでした。天皇が、地球の全ての存在の弥栄を分け隔てなく祈る存在であるにもかかわらず、その龍は、地球の内奥の中心にあることが叶わなかったのです。これが、土御門上皇の知った「自分の失敗によって子孫である後の天皇に引き継がれることになったある種の機能不全」の正体でした。

確かに、第83代天皇である上皇の血筋は、第88代から第126代の今上陛下まで連綿と続いています。そしてこの度は、湧玉が、湧玉の龍を生むことのできる新たなものへと生まれ変わり、湧玉の龍として誕生した天皇の龍が、湧玉の守りにつきました。

ここに、これまで機会が訪れる度に失敗を繰り返してきた「ある種の機能不全」が、ようやく解消されたのです。

それは、今の私に認識できる範囲では地球で初めてのことであり、地球は永遠の進化の旅路の中で、新たな局面を迎えたのです。


現在、地表だけで70億人以上が暮らすと言われるこの地球。

自分の半生を振り返るだけで、ずいぶんいろいろなことがあったものだと思います。生きている限りそれは続くでしょう。そう思うと、これからの人生も楽しみです。

人生というそれぞれが宇宙で唯一の物語は、地表で展開されているものだけで70億超。

仮に、人一人が占める布の面積が1センチメートル四方だとしましょう。70億人分だと、高台からようやく見渡せるほどの一辺８００メートル余りの正方形の布になります。もしも、その布が人生の歩みに合わせて明滅したとすればどうでしょうか。10年を1秒に圧縮すると、1万年が20分弱で明滅します。人一人分の明滅だけでも様々な色合いに彩られて神秘的でしょうに、それが８００メートル四方を超えるとなれば、どれほど圧倒的な光景になるでしょうか。

命を宿して、光の舞を繰り広げる広大な布……。

そう、地球とそこに住まう生命体は、宇宙の中で燦然と輝く、この上なく神聖な、生きた宝石なのです。

ここまで書き進めて、最後にそんなことを考えました。

冒頭で紹介した書籍『オイカイワタチ』では、新時代の地球は「鏐球王国」と表現されています。琉球のひめゆりの地を中心とする輝く星、龍宮の意です。

「鏐」は龍に通じる、艶のある黄金・白銀で、湧玉の龍。

「球」は湧玉。

そうすると、「湧玉誕生」と「天皇の龍の誕生」は、確かに新時代の地球の一側面です。

「あ、そうだったのか」と思いました。

二〇二〇年十二月

湧玉の鳳凰、天皇の鳳凰、誕生。

スメラミコトのカルマの三つ目でした。

あとがき

この本を書き始めたのは、二〇一九年の十月です。「湧玉誕生」と「天皇（すめらみこと）の龍の誕生」が、私や個に留まる性格の話でなく、内奥の世界における地球の核という公や全体に関わる性格の話であることから、せめて自分の子孫に書き残しておこうと思ったのです。天地と共にあることを旨として、雲や虹などに現れる徴を道標として進んだのですから、悪い話ではないと思いました。

けれども、元が備忘録にすぎない覚え書きですから、自分にしか分からない内容が多過ぎて、最初はどこをどう直せばよいものかも見当がつきませんでした。出版を考え始めたのは2か月ほど経ってからで、「遠い昔からの約束である」という微かな直感の声を聞いたように思って舵を切りました。表紙を陶彩画『天皇の龍』でとお願いして出版契約を結んだのは、奇しくも令和二年二月二十三日、天皇誕生日のことでした。

一度は原稿を書き終えたものの、災害や混乱に動じないものとして準備されている本の土台作りの段階にすぎないことを示す夢を見て、書き込みに入りました。

土御門上皇の和歌との関連が明らかになった頃の話です。私の教え子の一人は、受験勉強のために数学の問題を携えては足繁く私の下に通っていました。

そんなある日、私は夢の中で聞くのです。

「お前の所に数学のことで通ってくる者がいるだろう。

あれは互いに気付いていないだけで、魂の合意に基づいて、そうしているのだ。

お前が数学について考えることで、脳の文章構成に必要な部分が刺激される。

お前の本を書くのには、数学的能力が必要なのだ。

だから、彼はお前を手伝っているのだよ」

その4か月後にも書き終えたと思いましたが、数日後に、「お前は書き終えていない。全てを書く必要がある」とか、「この本は承久の乱の800年後に世に出ることになっている。それは799年後ではない」という内奥の声を捉えました。

分量も、これまで千字程度の文章しか書いたことがなかったのが、いつの間にか10万字を超えていました。しかし、その慣れぬ執筆に向かう時間が苦痛であったことはなく、私にとっては愉悦(ゆえつ)のひと時の連続でした。それは、自分の内に分け入る愉しさだったと思います。

所詮は、これらの内容の澄み具合も濁り具合も、それから見通しの利かない目の暗さも、一切合切が私の内面の反映にすぎないわけですが、文章だけは読みやすさと読みにくさを兼ね備えたものにしたいと思いました。なにぶん読みやすいだけでは読む人に残らないし、読みにくいだけでは最後まで読んでいただけないからです。

もっとも、草稿を見せた妻に、「珍しく最後まで一気に読んでしまった」と言われてからはそんなことも止めにして、結局、独白のように主観的で遠慮のない地球讃歌を書き連ねることになりました。ここにある全ては地球での生活の中で得たものであり、私にとっては湧玉と天皇（すめらみこと）の龍への、ひいては地球への、祈りの言葉のようなものなのです。

寺田寅彦の墓にも、よく行きました。たいていは散歩がてらにふらりと訪れて、そこでしばらく佇むのです。彼の随筆の『どんぐり』にあるように、彼の亡き妻の墓の土に、苔の花の咲くのを見遣り、ヒヨドリの鳴く音に、落ち葉が降るのを眺めてもみました。本を書いていた時間を思い返すと、なぜだか寅彦の墓の景色と重なります。特に、墓の背後のシイの森の空気感や、墓の上を覆う桜の木漏れ日が地面を這う様が浮かんできます。

「寅彦が分からずに、本が完成することはない」

そう伝えられてからは、彼のことを考える時間も増えました。

自分の内に分け入ったからといって、決して孤独の中で書き連ねたわけではありません。私のそこも皆さんのそれと同じように豊かな世界であるし、様々の意識体もそばにやってきてくれたのです。その中の一つを紹介して、終わりにしたいと思います。

二〇一九年十二月、初めて京都御所を訪れました。

帰宅した翌日、夢の中にジュゴンを少し細くしたような体つきの、ウーパールーパーのようにポワーンとした顔の存在が現れました。

その存在は、自分のことを「ポーの精霊」と呼ぶようにと伝えてきました。そして、あどけない顔で、

「僕があなたに、アンドロメダのエネルギーを中継する」

と言い張ります。何でも、

「それがあなたを助けることになる」

のだそうです。独りではもちこたえられない、これ以上、この膨大なエネルギーの奔流にさらされると、普通の生活が送れなくなるのだと。愛らしい存在が、「どうだ！」とばかりに伝えてくるので笑えます。まるで、漫画のような話です。何とユニークで、素晴らしいことでしょうか。そのおかげなのか、今も特にこれまでと変わりない生活を送っています。

私は、この本を書いている時にも、たびたび「ポーの精霊」を近くに感じました。きっと手伝ってくれたのでしょう。

さて、その「ポーの精霊」です。中継するエネルギーについてこう教えてくれました。

「暖かい日差しや優しい風の中にも、その風が運ぶ枯れ草の匂いの中にも存在するもの。

古くも新しくもなく、常に存在しているものだよ。

繊細な方法で送り届けるから、あなたには自分の思考と区別がつかないかもしれない。

そういうものなんだ」

まだ足取りもおぼつかない幼い頃に、タイムスリップしてしまいそうですね。


これで、私の話を終わります。

あの承久の乱からちょうど８００年後の元旦の未明、とある山の頂で

別府進一

天皇（すめらみこと）の龍

龍よ
　お前は美しい
龍よ
　お前は湧玉から生まれ
　皇（すめら）の尊（みこと）を守る
　湧玉の龍だ
龍よ
　お前にかけて
　どれだけのことがあったか
　お前は知っているだろうか
龍よ
　私はお前の生まれた全てを知るが

龍よ
お前の前では
全ての言葉を失ってしまう

著者プロフィール

別府進一（べふ　しんいち）

1968年、高知県生まれ。
名古屋大学理学部物理学科卒業。
高知県立高知東工業高等学校教諭。

天皇の龍
UFO搭乗経験者が宇宙の友から教わった龍と湧玉の働き

別府進一

明窓出版

令和三年四月十五日　初刷発行
令和五年十二月二十五日　四刷発行

発行者――麻生真澄
発行所――明窓出版株式会社
〒一六四―〇〇一二
東京都中野区本町六―二七―一三

印刷所――中央精版印刷株式会社

表紙画――草場一壽工房

ISBN978-4-89634-433-2

祈りが護る國
アラヒトガミの
霊力をふたたび
ノートルダム清心女子大学
名誉教授・理論物理学者
保江邦夫
新元号・令和の
世界を示す
真・天皇論
この宇宙に
どのような現象でも
生じさせることが
できるもの――
天皇が唱える
祝詞の
本来の
力とは！
明窓出版

心の奥深くから変化をもたらす強力な技法、催眠とはなにか？
眠れる能力を目覚めさせる『コンタクト』が、
あなたの人生に奇跡を起こす!!
個人の潜在意識や集合的無意識、さらにその奥にある魂と呼ばれる領域にまで働きかけていく「催眠療法」も詳しく解説。

この世は、霊的成長の場である――

君もこの世に生まれ変わってきた

覚者・本山 博が伝えた新しい生き方

宮﨑貞行

時として神人と呼ばれる逸材が各分野に出現するが、相反する異質な二分野にまたがった神人は **本山博ただ一人**（保江邦夫氏推薦）

しかし、宗教と科学を融合した偉業を知る人が決して多くはないのは、宗教家が科学を敬遠し、科学者が宗教を無視する現代ゆえのこと。そんな風潮を吹き飛ばし、宗教と科学の神人・本山博が遺した前人未踏の知的業績と霊的な生きざまについて、正確かつ活き活きとした表現で描き出してくれた評伝の巨人・宮﨑貞行氏に脱帽！

本体価格　1,700円＋税

クンダリニ・ヨーガの研究者として世界的に著名な本山博。ユネスコ本部は、本山を世界の著名な超心理学者十人の一人に選出している。神の依代として救済のために奔走した養母、キヌエの後を継ぎ、宮司となってからも、生涯を通じて前人未到の知的業績を重ねた本山の、霊的な生きざまと軌跡を追う。
特筆すべきは、本山博に、多大な影響を与えた養母キヌエの存在である。人知れず数々の苦難に耐えつつも神の御心に従い、神とともに、多くの奇跡を起こし、宗派を超えて衆生を救い、導いてきたキヌエの実録は圧巻。二代に渡る救済の実例を収め、本山博が行った心霊への生理物理学的アプローチや、ヨガの見地からの検証などが、わかりやすくまとめられている。